묘신계록

묘신계록 제3권 (호랑이 요괴 도감)

인스타그램 Instagram @meoshinke | 유튜브 YouTube @meoshinke

랑선

남성도사

박쥐범

비호

청일 청삼 청이

봉황

백묘괴

영호

대호신선

청녀구리 삼형제

둔구리

사자

호랑각시

진호

금강호

묘향

백미범

박노저

강령호

점술토

우완범

화토웅

백두대모

화검호

천문복

해일서

육발이

화마

대적사괴

산군대신

자운지네

웅 표
태산삼괴
구미할멈
흑호
현호
황팔도
기린
자정쥐
호산웅
최면호
불괭이
삼족구
호준
팥죽할멈
명호
흑록
해양후
호서방 호소녀
랑모 랑소애
대수장군
도선생
호랑모녀
복 사 치 귀
계명오괴
금호진인
터린

차 례

서론

묘신의 아이템..................................10

묘신계 세계관

분류..................................12

속성..................................15

인간과의 관계..................................16

출몰지역..................................17

크기와 몸무게..................................18

나이..................................19

시대..................................19

힘(파워지수)..................................19

이름..................................21

본론

강령호..................................26

계명오괴..................................28

구미할멈..................................32

금강호..................................34

금호진인..................................36

기린..................................38

남성도사..................................40

대수장군..................................42

대적사괴..................................44

대호신선..................................48

둔구리..................................50

랑선..................................52

명호..................................54

묘향..................................56

박노저..................................58

박쥐범..................................60

백두대모..................................62

백묘괴..................................64

백미범 66

봉황 68

불괭이 70

비호 72

사자 74

산군대신 76

삼족구 78

영호 80

우완범 82

육발이 84

자운지네 86

자정쥐 88

점술토 90

진호 92

청너구리 삼형제 94

최면호 98

태산삼괴 100

터린 104

토선생 106

팥죽할멈 108

해양후 110

현호 112

호랑각시 114

호랑이 모녀 116

호산웅 118

호서방 120

호소녀 122

호준 124

화마 126

황팔도 128

흑록 130

흑호 132

부록 134

참고문헌 및 출처 152

서론

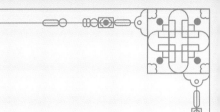

묘신계로 가기 전에 반드시 알아야 하는 사항들이 있습니다. 묘신계의 기본 정보부터 괴력난신들을 이해하는 데 도움이 되는 자료들입니다. 이를 모른 채 혹은 무시하고 묘신계의 주민들을 만날 시 어떤 일이 벌어져도 책임질 수 없음을 알려 드립니다.

묘신(猫神)의 아이템

12지신에 들지 못한 숨겨진 13번째 동물신은 바로 고양이 신으로, 땅을 지키는 지신들과 달리 요괴, 귀신, 신수, 신령들이 득실대는 신비로운 영혼의 영역을 관리하고 있습니다. 묘신에게는 특별한 무기들이 있습니다. 인간 세상을 넘나들며 사건·사고를 벌이는 수많은 괴력난신들을 관리하기 위해서는 이 아이템들이 꼭 필요합니다.

1. 혼천승
묘신의 허리에 둘러져 있는 밧줄입니다. 요괴를 잡기 위해 만들어진 것으로, 이 밧줄에는 산을 뽑을 만한 힘과 세상을 덮을 만한 기운이 담겨 있습니다. 그래서 아무리 강한 상대라도 한 번만 휘두르면 잡을 수 있습니다. 평소에는 옛 허리띠와 같은 세조대 역할을 하지만, 묘신이 요괴를 제어할 때 그 어떤 것보다 강한 힘을 보여줍니다.

2. 금령 (금방울)
혼천승의 끝에 달린 금방울로, 금령이라고도 불리는 특별한 도구입니다. 아무리 강한 힘으로 눌러도 터지지 않고, 돌로 내려쳐도 깨지지 않습니다. 방울이 내는 빛은 대낮처럼 환하며 따뜻하고, 향기 또한 매우 좋습니다. 단 주인 이외의 누군가가 손대려 할 시 손을 댈 수 없을 만큼 뜨거워지기도 하고, 차가워지기도 합니다. 이외에도 상황에 따라 커지기도 하고, 여러 개로 나뉘기도 하는, 다양한 능력을 갖춘 만능 도구입니다.

3. 칠성참요검

신령스럽고 깨끗한 기운이 감도는 검으로, 요괴를 제어할 수 있고 인간을 상대할 때도 강력한 힘을 냅니다. 평소에는 석 자 정도의 크기지만 필요시에는 원래의 긴 모습으로 변신합니다. 칠성참요검은 오직 주인만이 들 수 있으며, 주인 이외의 누군가가 만지려하면 태산같이 무거워지고, 주인이 사라지면 이 검 역시 울면서 사라져 버립니다. 묘신은 평소에 이 검을 소지하고 있지 않으며, 특별한 상황에서만 검을 불러냅니다.

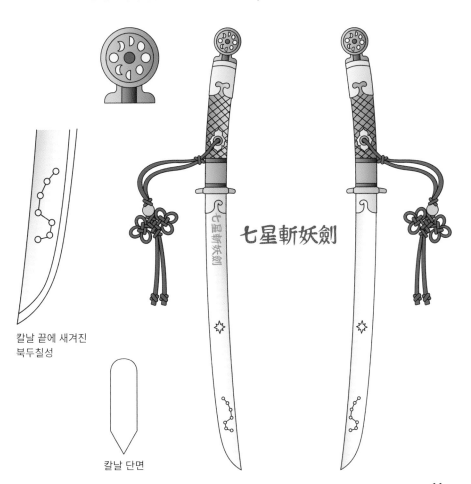

七星斬妖劍

칼날 끝에 새겨진
북두칠성

칼날 단면

11

묘신계 (猫神界) 세계관

묘신계는 12지신에 들지 못한 13번째 동물 고양이 '묘신'이 다스리는 영혼의 영역입니다. 하늘과 땅과 바다가 있고, 해가 뜨고 달이 지는, 일반적으로 인간이 생각하는 정형화된 세계와는 다른 곳입니다. 시간과 공간의 개념 역시 중력의 법칙이 작용하는 인간 세상과는 다르게 적용됩니다. 이 곳에는 우리가 흔히 요괴, 귀신, 신수, 신령 등으로 부르는 특별하고 이상한 존재들이 주민으로 살아가고 있습니다.

초자연적인 존재, 묘신계의 주민들

자연의 이치에서 벗어난, 설명하기 어려운 불가사의한 존재들을 인간 세상에서는 흔히 귀신·요괴·신수·신령 등으로 분류하여 부릅니다. 아주 먼 옛날 인간의 기록이 시작되기 전부터 살아온 이 기괴한 존재들은 인간의 시선과 관념으로는 이해하기 힘든 일을 벌이고 행동하는데, 이 책의 내용 또한 인간의 시점에서 그들의 이야기를 기록한 것이므로 실상은 다를 수도 있습니다.

분류

여느 생명체처럼 묘신계의 초자연적인 존재들도 종류에 따라 정의되고 분류됩니다. 우선 모든 묘신계 존재들은 크게 3가지의 기준을 거쳐 나누어집니다.

> 근원 혹은 태생이 어떻게 되는가.
> 외형이 어떠한가.
> 해당 캐릭터의 특징이 무엇인가.

대분류에서는 캐릭터의 근원, 즉 태생을 기준으로 분류합니다. 각 존재의 본질에 따라 나눠지며 본질만으로 판단이 어려운 경우에는 탄생할 때의 배경과 방법을 참고했습니다. 모든 캐릭터들은 대분류에 따라 **물괴, 괴수, 괴인, 신수, 신령** 이렇게 다섯가지로 나뉘어집니다. 중분류에서는 외형의 생김새를 기준으로 분류합니다. 같은 괴수라 해도 일반적으로 우리가 아는 모습을 가진 일반형과 상식을 크게 벗어나는 형태를 가진 경우는 이형으로 구분하고, 같은 괴인이라도 일반적인 인간 형태의 일반형과 더 괴이한 모습을 한 이형으로 나누어집니다. 단, 신수와 신령은 그 특성상 외형보다는 역할과 특징에 따라 분류됩니다. 소분류에서는 개체가 가지고 있는 특징이 좀 더 구체적으로 나뉘어져 분류됩니다.

대부분의 캐릭터들은 원전에서 찾은 내용을 그대로 적용하여 분류하였으나 캐릭터 개발 과정에서 묘신계 세계관을 적용하면서 원전과 다른 외형과 특징을 가지게 된 몇몇 캐릭터는 묘신계 버전 속 모습과 특징을 기준으로 분류했습니다.

물괴

사물이나 자연물이 근원이 되는 괴물로, 인간 형태로 둔갑한 경우도 근원이 사물이면 모두 물괴로 분류합니다.

- **자연물형:** 자연계에 있는, 저절로 생긴 물체의 정령. 혹은 그 자체로 특별한 힘이 있는 경우.
- **사물형:** 오래된 물건이 사(邪)*가 된 경우. 혹은 신기한 물건.

물괴			
	자연물형	생물형	꽃, 나무 등 생명을 가지고 스스로 생활 현상을 유지하여 나가는 물체인 경우
		무생물형	세포로 이루어지지 않은 돌, 물, 흙 등 생물이 아닌 물건인 경우
	사물형	일체형	물건 자체가 괴력난신이 된 경우
		매개형	물건을 통해서 괴력난신이 소환 혹은 등장하는 경우

* 사(邪): 바르지 못함. 요사스러운 것.

괴수

동물이 근원이 되는 괴물로, 인간 형태로 둔갑하더라도 원래 모습이 동물이면 모두 괴수로 분류합니다.

- **일반형 :** 특수한 능력이 있는 동물. 일반적인 동물 모습을 가지고 있으나 어떤 연유로 인해 본질에 변화가 생긴 경우.
- **이형 :** 성질·모양·형식 따위가 일반적인 동물과 많이 다른 경우.

		변이형	일반적인 모습에서 후천적으로 외형이 변한 경우
괴수	일반형	요술형	인간으로 둔갑하는 것을 포함해서 다양한 모습으로 변신할 수 있거나, 술법을 사용할 수 있는 경우
		수귀형	동물이 죽어 귀신이 된 경우
	이형	돌연변이형	일반적으로 알려진 동물의 외형에서 찾아볼 수 없는 특이한 특징을 가진 경우
		혼합형	여러 동물의 모습이 합쳐져 있는 경우
		공상형	인간세상에서 존재하지 않는 형체나 특징을 가졌거나, 다른 형으로 정의내릴 수 없는 경우

* 이형은 요술을 사용할 수 있더라도 생김새에서 이미 요괴임을 알 수 있어서 따로 요술형을 나눌 필요가 없습니다. 하지만 일반형은 일반적인 짐승의 모습으로 요술을 사용하기에 요술이 그 요괴의 특징이 되므로 요술형을 따로 나눕니다.

괴인

근원과 태생이 인간이지만 외형과 성질이 평범한 인간의 범주에서 벗어나면 모두 괴인으로 분류합니다.

- **일반형** : 외형이 일반적인 인간의 요소를 갖추고 있는 경우. 즉 인간처럼 생겼으나 일반 인간이 아님.
- **이형** : 근원과 태생은 인간이지만 괴이한 모습을 가진 경우. 인간처럼 생기지 않았으나 근본이 인간임.

		이종형	인간의 형태를 가지고 있지만 타고난 것이 다른 종족인 경우
괴인	일반형	인귀형	사람이 죽어 귀신이 된 경우
	이형	돌연변이형	정상적인 인간의 유전 계통에 없던 새로운 형질이 나타나 탄생한 것으로, 일반적인 인간 개체에서 볼 수 없는 외형 혹은 특징을 가진 경우
		사고형	자의로 변한 것이 아닌 사고 혹은 저주 등에 의해 된 경우
		혼종형	근원은 인간이나 다른 종과 혼합된 경우

* 동물이 인간의 가죽을 뒤집어쓰고 인간 흉내를 내는 의태형 요괴는 포함되지 않으며, 이러한 경우는 근원을 따져 분류합니다.
* 인간이 수련을 통해 도술이나 둔갑술을 익힌 경우도 마찬가지로 괴인으로 포함하지 않습니다.
* 단순히 호칭에 '귀' 자가 들어간다고 하여 모든 존재가 귀신이 되는 것은 아니며, 그 근원을 따져 인귀형으로 분류했습니다.

신수

신수란 신령스럽고 신성한 짐승입니다. 즉 동물과 같은 외형을 가지고 있으면서 어떤 장소나 물건, 추상적인 가치 등을 수호하거나 세상을 이롭게 하는 존재일 경우 신수로 분류됩니다.

신수	수련형	금수가 오랜 수련을 거치거나 특수한 경험을 통해 영험한 존재가 된 경우
	환수형*	전설의 생물로 영험하게 태어난 경우

* 환수(幻獸): 신기하고 괴이한 짐승

신령

신기하고 영묘하며 초인간적, 혹은 초자연적 위력을 가지고 있을 경우 신령으로 분류합니다. 신수와 구분을 하자면 신수보다 인간의 형상에 가깝고, 존재감이 인간 사회에서 더 큽니다.

신령	수련형	인간이 오랜 수련을 거치거나 특수한 경험을 통해 영험한 존재가 된 경우
	신형	신으로 태어난 경우

속성

묘신계는 7개의 속성이 모여 이루어진 세계로, 이곳에 사는 존재들도 이들의 영향을 받습니다. 각 캐릭터들은 하나의 대표적인 속성을 가지고 있습니다. 각 캐릭터들에 관해 면밀한 조사를 거쳤고, 단순히 출몰 지역이나 모습에 따라 속성을 나누는 것이 아닌 각자가 가진 능력과 성향과 영향력에 중점을 두고 대표 속성을 분류했습니다.

모든 성질이 그러하듯이 속성도 다양성을 가집니다. 묘신계의 캐릭터들을 단순히 악함과 선함만으로는 구분할 수 없으며, 같은 맥락에서 대표 속성만으로 모든 것을 정의할 수는 없으나 그들을 근본을 이해하는 데 속성은 매우 중요합니다.

속성은 음양오행의 성질에 따라 월(月), 화(火), 수(水), 목(木), 금(金), 토(土), 일(日), 총 7개로 나누어집니다.

묘신계의 7속성

☾	月 달 월	달, 음기, 어둠, 저주, 현혹, 신비함, 지혜, 예언
火	火 불 화	불, 열정, 사랑, 재앙, 화재, 발화, 변화, 가뭄, 용기, 번개
水	水 물 수	물, 결빙, 해일, 정화, 치유, 유연함, 소생, 망각, 혼란(무질서)
木	木 나무 목	흡수, 회복, 끈기, 풍요로움, 독, 완고함(고집), 집착, 불안(겁)
金	金 쇠 금	쇠, 무기, 병, 탐욕, 재물, 강인함, 징벌, 지성(이성)
土	土 흙 토	흙, 대지, 재생, 부패, 중화, 생명, 죽음
日	日 해 일	태양, 양기, 빛, 정의, 행운, 질서, 권위(힘)

인간과의 관계

묘신계의 초자연적인 존재들은 인간이 이해할 수 없는 능력과 행동으로 인간 세상에 크고 작은 영향을 끼칩니다. 인간을 좋아해서, 증오해서, 혹은 이유 없이 벌이는 다양한 행동들은 인간들에게 득이 될 수도, 실이 될 수도 있습니다. 인간에게 있어서 이러한 정보는 매우 중요합니다. 아주 오래전부터 묘신계의 요괴, 귀신, 신수, 신

-3	재해 수준의 위협이 되며, 수많은 인간에게 위협이 되는 존재
-2	신체적, 정신적으로 다수의 인간에게 직접적인 피해를 주는 존재
-1	장난, 공포감 조성, 물질적인 손실 등으로 소수의 인간에게 직간접적 피해를 주는 존재
0	인간에게 득도 실도 크게 영향을 끼치지 않는 존재
+1	사소한 집안일부터 악한 것이 접근하지 못하도록 막는 일까지 소수의 인간에게 간접적으로 도움을 주는 존재
+2	다수의 인간에게 직접적으로 도움을 주거나 이득이 되는 존재
+3	강한 능력과 힘을 가지고 있으며 수많은 인간에게 도움을 주는 존재
★	인간의 행동이나 태도에 따라 득실이 역전될 수 있으므로 주의해야 함
▲	인간에게 득이 될 수도, 실이 될 수도 있는 존재

령 등에 관심을 가지고 남겨놓은 누군가의 기록을 통해 묘신계의 존재들과 인간 사이의 이해관계를 도식화했습니다. 이는 어디까지나 철저히 인간의 시선에서 본 것을 토대로 만들어졌으며, 최대한 객관화화여 측정되었으나 실제 개별 요괴를 맞닥뜨렸을 때 벌어지는 상황과는 다를 수 있습니다.

출몰지역

묘신계의 존재들은 묘신계에만 머무르는 것이 아니라 인간 세상의 곳곳에 출몰합니다. 울산 개운포, 경주 남산, 전북 김제, 부산 기장, 백두산 등 정확한 지명이 있는 곳에 출몰하여 이것이 캐릭터의 이름과 함께 기록으로 남아 있는 경우도 아주 많습니다. 캐릭터들의 출몰지역은 옛 문헌에 나오는 기록 그대로를 표시했습니다. 다만, 한국 고전 소설 속에는 현재 한국의 지명이 아닌 고대 다른 나라의 지명이 캐릭터의 출몰지역으로 기록되어 있는 경우가 있습니다. 이런 경우에는 현대의 특정 나라를 지칭하지 않으며, 최대한 원전에 기록된 한글 발음 그대로 표기했습니다.

어두운 밤길, 산길, 골짜기 등 출몰지역이 포괄적인 개념으로 기록된 경우에는 특정 지역이나 지명이 아닌 산속, 주택가 등의 개념적인 구역으로 표기 했습니다.

크기와 몸무게

고전 기록 속에는 캐릭터의 크기가 구체적으로 나와 있지 않거나 과장된 부분이 많습니다. 윗입술이 하늘에 닿을 정도로 크다던지, 태산과 같은 크기의 몸집을 가지고 있다던지, 깃털 하나가 집을 부술 정도라던지 등 현실적으로는 말이 안 되는 부분이 꽤 있습니다. 이는 우리 선조들이 이야기를 더욱 재미있게 즐기기 위해 조금 과장되고, 말이 안 되더라도 이렇게 묘사했던 것으로 보입니다.

묘신계 세계관에서는 이러한 캐릭터 묘사를 최대한 해치지 않는 선에서 현실적인 요건들을 감안하여 구체적인 크기와 길이를 표기 했습니다.

이족 보행하는 동물형 혹은 인간형 캐릭터의 경우 두 다리를 딛고 선 자세에서 머리끝(정수리)부터 발 끝까지의 길이를 키로 표기했습니다. 참고로 키나 크기에는 캐릭터가 장착한 장식이나 모자 등은 포함되지 않습니다.

사족 보행하는 동물형 캐릭터와 뱀이나 용처럼 몸의 길이가 기다란 형태를 가진 캐릭터의 경우에는 꼬리까지 펼쳐진 몸길이를 수치로 표기했습니다. 이는 가장 보편적으로 생물학이나 자연도감 등에서 동물의 신체 크기를 재는 방법을 그대로 적용한 것입니다.

신체의 크기가 고정적이지 않고 상황에 따라 변화하는 캐릭터의 경우에는 기본형과 함께 변화했을 때의 수치를 병기하거나 물결표를 사용하여 열린 가능성을 나타냈습니다. 특히 신수와 신령 중에는 능력에 따라 마음대로 크기 변형이 가능한 개체들이 있는데 이들에게는 '*크기변형가능' 이라는 표시가 있습니다.

개체가 하나가 아닌 경우 여러 개체의 평균적인 크기로 표기했습니다.

각 캐릭터의 몸무게 역시 구체적인 수치로 되어있습니다. 그중 귀신, 즉 인귀형·수귀형에 해당하는 캐릭터의 몸무게는 특별합니다. 인간이 죽은 후 귀신이 되었을 때도 살아생전의 몸무게를 그대로 가지고 있을까요? 아닙니다. 묘신계의 귀신들은 거대하거나 작더라도 겉모습과 상관없이 몸무게가 모두 영혼의 무게의 평균치인 21g입니다. 간혹 섬을 등 위에 지고 있는 신수나 인간이 측정할 수 있는 범위를 넘어선, 혹은 측정에 실패한 경우에는 '가늠할 수 없음'으로 표기되어 있습니다.

나이

묘신계의 존재들에게 나이를 물어본다면 어떻게 대답을 할까요? 묘신계에는 자신의 나이를 정확하게 기억하는 캐릭터가 있는 반면, 물어볼 때마다 다른 나이를 이야기하는 요괴도 있고, 너무 오랜 세월을 살아왔기에 자신의 나이를 잊어버린 캐릭터도 있습니다. 이런 경우에는 나이를 '알 수 없음'으로 표시했습니다. 하나의 개체로 존재하지 않고, 종으로서 여러 개체가 있는 경우에는 '개체마다 다름'이라고 표기했습니다.

본문을 읽다 보면 나이가 구체적인 숫자로 기록되어 있으나 캐릭터의 설명에는 '천년 묵은', 혹은 '만년 묵은'이라고 되어 있는 경우가 있습니다. 여기서 몇 년을 묵었다는 건 실제로 살아온 시간을 표기한 것이 아닌 그만큼의 오랜 세월을 살아왔다는 것을 의미합니다.

덧붙이자면, 사실 이들에게는 중력의 법칙이 적용되지 않는데다가, 인간계와 시공간이 다르게 흘러가는 묘신계에 들어온 이후부터는 해가 바뀌어도 더 이상 나이를 먹지 않습니다. 나이는 한국의 정서를 담아 재미있는 상황을 만들어내는 묘신계만의 특별한 설정입니다.

시대

묘신계 캐릭터들에게는 각자의 시대가 있습니다. '시대'란 캐릭터들이 살았던 혹은 등장했던 시기를 기록한 것입니다. 어떤 캐릭터들은 그 시기가 확실하지만, 몇몇 캐릭터의 경우에는 자료를 조사할수록 어느 나라의 것이라고 칼로 자르듯이 정확하게 선을 나누기는 어려운 것들이 있었습니다. 특히 동아시아 문화권에서 공통으로 전해지는 사방신, 기린 등 신수나 신령에 관해서는 정확한 시대를 말하기 어려웠습니다. 이러한 경우에는 '알 수 없음'이라고 표기 했습니다.

힘 (파워지수)

묘신계에서 힘은 단순히 근력을 의미하지 않습니다. 파워지수란 지능·근력·주술·요술·자연 조절 다섯 가지의 능력을 모두 합한 수치로 캐릭터의 실력을 비교합니다.

예를 들어, 인간은 지능과 근력은 있으나 주술, 요술, 자연 조절 능력이 없으므로 평균적으로 13~14 정도의 파워지수를 가지고 있습니다.

몸 크기를 변화할 수 있거나 인간을 잡아먹을 때 본모습을 드러내는 캐릭터 같은 경우엔 변형된 모습과 능력을 발휘할 때의 기준으로 파워지수가 측정됩니다.

일반적으로 파워지수가 높은 캐릭터가 낮은 캐릭터보다 힘이 세고 능력이 뛰어난 것이 사실이나, 항상 파워지수가 높은 캐릭터가 낮은 캐릭터를 이길 수 있는 것은 아닙니다. 특정 능력이 뛰어날 경우, 서로의 속성이 상극인 경우, 또는 처해진 특별한 상황 등에 따라 다른 결과가 나올 수도 있습니다.

지 능	**근 력**	**주 술**	**요 술**	**자연조절**
지혜와 재능을 통틀어 이르는 말로, 새로운 대상이나 상황에 부딪혀 그 의미를 이해하고 합리적인 적응 방법을 알아내는 지적 활동의 능력을 이야기 합니다.	근육의 힘, 또는 그 힘의 지속성을 이야기 합니다.	불행이나 재해를 막으려고 주문을 외거나 술법을 부리는 것. 또는 그러한 술법을 이야기 합니다. 저주, 치유 등 어떤 개체의 상태를 변하게 하는 힘을 주술이라고 지칭합니다.	초자연적인 능력으로 괴이한 일을 행하거나 그러한 술법을 이야기합니다. 예언, 변신술, 축지법 등 스스로에게 변화를 주는 힘을 요술이라고 지칭합니다.	자연은 사람의 힘이 더해지지 않고 저절로 생겨난 산, 강, 바다, 식물, 동물 따위의 존재를 의미하며, 본성이나 본질을 이야기 하기도 합니다. 물, 불, 바람, 땅 등 자연을 변하게 하거나 조절할 수 있으며 자신의 속성을 다룰 수 있는 특별한 힘을 이야기 합니다. 때때로 자연을 조절하는 능력 중 일부를 요술로 착각하기도 합니다.

이름

묘신계 캐릭터들에게는 각자의 이름이 있습니다. 이름이 그대로 인간 세상에 알려진 경우도 있지만, 진짜 이름이 아닌 인간들에게 발견되었을 당시의 모습과 행동으로 인해 다른 이름으로 불리게 된 경우도 있습니다. 예를 들어 달걀귀신은 얼굴이 달걀과 같다고 하여 인간들이 붙인 이름이지만, 묘신계 존재들 사이에서는 '다갈'이라고 불립니다. 마찬가지로 동자삼과 물귀신도 그러합니다. 동자삼 같은 경우에는 보이는 모습이 동자(아이)와 같다고 하여 '동자+(산)삼'을 합쳐 이름처럼 부르기 시작했지만, 묘신계에서 불리는 동자삼의 진짜 이름은 '진진'입니다. 물귀신은 물에 빠져 죽은 귀신들을 통틀어 일컫는 명칭일 뿐, 수많은 물귀신들에게는 각자의 이름이 있습니다. 이처럼 괴력난신들은 인간 세상에 진짜 이름이 알려져 있지 않기에 불리는 명칭이 다양한 경우가 많습니다. 묘신계 캐릭터들을 제대로 알기 위해서는 진짜 이름을 아는 것도 중요한 부분입니다.

각자가 가진 능력과 사연이 다른 만큼 각 캐릭터의 진짜 이야기를 본격적으로 듣기 위해 이제 본론으로 넘어갑시다.

괴력난신 분류

종 별 분 류

귀신

요괴

신수

신령

달 월 (月)

불 화 (火)

물 수 (水)

나무 목 (木)

쇠 금 (金)

흙 토 (土)

해 일 (日)

묘신계 존재들

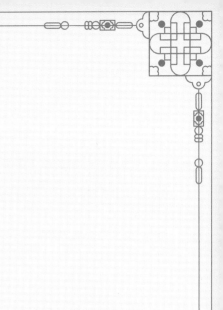

자연의 이치에서 벗어난, 설명하기 어려운 불가사의한 존재들을 인간 세상에서는 흔히 귀신·요괴·신수·신령이라고 부릅니다. 그리고 이 기괴하고 초자연적인 존재들은 묘신계의 주민으로 살아가고 있습니다. 이제부터 만나게 될 괴력난신들의 이야기는 인간의 시점에서 기록된 것이므로 실상은 다를 수 있습니다.

강령호

Gangnyongho

이름	강령호	이해관계	-2
종	요괴	출몰지역	산속
분류	괴수-일반형-요술형	키/크기	210cm
속성	달(月)	몸무게	120kg
특징	시체를 움직이는 호랑이	나이	446
		시대	조선

POWER | 파워지수

지능 / 주술 / 요술 / 자연조절 / 근력

43

도술을 부리는 호랑이다. 이를 좋은 일에 사용하면 좋을 텐데 주로 인간을 잡아먹기 위해 사용한다. 도술을 이용해 시체를 움직여서 죽은 이의 가족이나 친구를 유인해 인간을 잡아먹는다. 자신이 한 번이라도 물었거나 먹은 적이 있는 인간의 시체는 더욱더 자유자재로 다룰 수 있다. 강령호는 창귀를 다루는데도 능하다. 호랑이가 다른 인간을 잡아먹으면 성불할 수 있다는 이야기를 창귀에게 흘렸고, 창귀가 호랑이를 부추겨서 인간을 잡아먹는데 더 혈안이 되도록 만든 장본인이기도 하다.

움직이는 송장

호랑이가 조종하는 대로 움직이는 시체다. 시체라 뺨을 때리면서 씨름하듯이 왼 다리로 걸어서 당기면 도술이 풀리기도 한다. 인간이 죽은 집의 아궁이 혹은 굴뚝 안으로 여우나 족제비, 고양이처럼 요물로 여겨지는 짐승이 들어갈 때도 이렇게 움직인다고 한다.

계명오괴

Kyemeong 5 gang

계명산의 한 절에 나타나는 다섯 요괴다. 한밤중에 나타나 손님방에서 자는 인간을 쥐도 새도 모르게 죽이고는 날이 밝기 전에 사라진다. 다섯 요괴는 모두 다른 모습으로 나타나며 이들의 실체 또한 전부 다르다고 한다.

이름	치	이해관계	-2	POWER | 파워지수
종	요괴	출몰지역	계명산 송간사	지능
분류	괴수-일반형-요술형	키/크기	179cm	근력 / 주술
속성	흙(土)	몸무게	68kg	37
특징	제일 처음 등장 학만 한 크기의 꿩	나이	1950	자연조절 / 요술
		시대	송나라	

오색 옷을 입고 길이가 다섯 장*까지 늘어나는 창을 든 요괴다. 첫 번째로 모습을 드러
내며, 실체는 학만 한 크기의 꿩이다.

이름	복	이해관계	-2	POWER | 파워지수
종	요괴	출몰지역	계명산 송간사	지능
분류	괴수-일반형-요술형	키/크기	164cm	근력 / 주술
속성	불(火)	몸무게	50kg	40
특징	검은 뱀과 함께 등장 실체는 여우	나이	2000	자연조절 / 요술
		시대	송나라	

얼굴이 옥과 같고 담대해 보이는 요괴다. 두 번째로 검은 뱀 요괴와 함께 나타난다. 실
체는 누런 털을 가진 하얀 얼굴의 여우다.

이름	귀	이해관계	-2	POWER | 파워지수
종	요괴	출몰지역	계명산 송간사	지능
분류	괴수-일반형-요술형	키/크기	230cm	근력 / 주술
속성	물(水)	몸무게	500kg	48
특징	4번째로 등장 거대한 거북이	나이	2100	자연조절 / 요술
		시대	송나라	

얼굴이 흉악하고 나타날 때 비바람이 몰아친다. 실체는 거북이의 정령이다.

이름	사	이해관계	-2
종	요괴	출몰지역	계명산 송간사
분류	괴수-일반형-요술형	키/크기	250cm
속성	나무(木)	몸무게	70kg
특징	여우와 함께 등장 피에 특별한 힘이 있음	나이	2030
		시대	송나라

POWER | 파워지수
41
(지능, 주술, 요술, 자연조절, 근력)

키가 매우 크며 허리가 가늘고, 검은 옷을 입은 요괴다. 실체는 검은 뱀 한 마리로, 이 요괴를 베면 검은 피가 흘러나오는데 인간의 피부에 닿으면 통증이 매우 심하고, 즉시 그 부분을 베어내지 않는 이상 빠르게 썩어들어간다고 한다. 베어낸 살은 공중에서 뛰놀기를 하듯이 10여 번을 돌다가 바닥으로 떨어지는 기이한 현상도 일어난다고 한다.

이름	석사	이해관계	-2
종	요괴	출몰지역	계명산 송간사
분류	괴수-일반형-요술형	키/크기	220cm
속성	쇠(金)	몸무게	1.8t
특징	계명오괴의 대장	나이	2120
		시대	송나라

POWER | 파워지수
50
(지능, 주술, 요술, 자연조절, 근력)

다섯 요괴 중 삼경(三更)*에서부터 오경(五更)*까지 싸울 정도로 가장 강한 요괴다. 이 요괴의 몸에 상처를 입히면 불빛이 솟구치며 실체인 돌사자의 모습이 된다.

* 장: 1장은 10자(尺)로 1자(尺)는 30,3cm이다. 그러므로 1장은 대략 3m이다.
* 삼경(三更) : 대략 밤 11시
* 오경(五更) : 대략 새벽 4시

구미할멈 Gumi

이름	구미	이해관계	-1
종	요괴	출몰지역	제주도 한라산
분류	괴수-이형-돌연변이형	키/크기	152cm
속성	흙(土)	몸무게	28kg
특징	꼬리가 아홉 달린 요괴 검은 작대기를 사용	나이	970
		시대	알 수 없음

POWER | 파워지수

지능

근력

주술

자연조절

요술

39

제주도 한라산에 있는 꼬리가 아홉 달린 노파 모습의 요괴다. 날이 어스름해질 때쯤에 나무 꼭대기 위에서 모습을 드러낸다.

"아이구 추워, 불 좀 쬐었으면 좋겠다."라고 이야기하며 인간의 시선을 끌고, 만약 그 인간이 짐승과 함께 있다면 무서워서 못 내려가겠으니 이걸로 짐승들을 한 번씩 문질러 달라며 검은 작대기*를 건넨다. 이 검은 작대기는 닿기만 해도 무엇이든 돌로 만드는 힘을 가지고 있다. 짐승을 무서워해서 인간에게 검은 작대기를 건네며 시키는 것으로 보인다.

짐승이 돌이 된 후에야 구미는 나무 꼭대기에서 내려오며, 인간마저 돌로 만들고는 사라진다. 검은 작대기가 없으면 힘이 그다지 세지 않은 요괴로 총이나 칼로 쉽게 처치할 수 있다. 검은 작대기로 인해 돌이 된 것들은 구미의 피를 뿌리면 원래대로 돌아온다고 한다.

* **검은 작대기** : 구미가 사용하는 도구로 생물을 돌로 만들 수 있다. 자세한 내용은 <한국 판타지 아이템 도감>에서 확인할 수 있다.

금강호

이름	금강호	이해관계	-2
종	요괴	출몰지역	금강산
분류	괴수-일반형-요술형	키/크기	700cm
속성	쇠(金)	몸무게	860kg
특징	가죽이 매우 단단함	나이	알 수 없음
		시대	조선 후기

POWER | 파워지수

지능 / 주술 / 요술 / 자연조절 / 근력

55

금강산에 사는 호랑이로 산만 한 몸집을 자랑하는 대호다. 금강호의 가죽은 매우 단단하다고 알려져 있으며, 칼이 잘 들지 않을 정도라고 한다. 앞발만으로도 날아오는 총알을 다 튕겨낼 수 있는 것은 물론이거니와 크고 우렁찬 울음소리를 가지고 있다.

금강호에게는 특별한 능력이 있는데, 바로 자신이 잡아먹은 인간으로 변신할 수 있다는 것이다. 외형뿐만 아니라 목소리와 몸짓까지 그대로 흉내 낼 수 있어서 스님을 잡아먹으면 스님으로, 할머니를 잡아먹으면 할머니로 변신할 수 있다. 평범한 인간은 그냥 잡아먹을 때도 있는데, 백발백중의 명포수라든지 무예에 뛰어난 자들을 꿰어낼 때는 변신술을 이용해 매우 영리하게 행동한다. 의외로 강한 자신을 너무 믿어서인지 자기 몸 상태에 관해서는 둔할 때가 있다.

금호진인

Kumhojinin

이름	호선랑	이해관계	▲	POWER ǀ 파워지수
종	요괴	출몰지역	도화산	
분류	괴수-일반형-요술형	키/크기	180cm	
속성	달(月)	몸무게	62kg	53
특징	약을 제조하는 능력이 뛰어남	나이	2620	
		시대	명나라	

파워지수 레이더 차트: 지능, 주술, 요술, 자연조절, 근력 / 53

도화산의 한 도관에 사는 요망한 도사로, 실체는 천 년 이상을 산 암 여우다. 도화산 바위 동굴 속에서 오랜 시간 동안 도를 닦아 사람의 모습이 될 수 있었다.

요술로 대상을 홀릴 수 있고, 약초 재배와 약을 제조하는 능력도 뛰어나다. 대낮에는 마을을 다니면서 동네 어린이들을 잡아 와 심장과 간, 피를 약초와 섞어 환약을 만든다. 그녀의 환약들은 일반적인 약과 달리 마음을 조종할 수도 있고, 얼굴을 바꿀 수도 있는 등 특별한 힘을 가지고 있어서 많은 이들이 환약을 사러 온다. 돈만 주면 그게 누구든, 어떤 일에 쓰이든 신경 쓰지 않고 약을 팔기 때문에 악한 마음을 가진 자들이 그녀를 많이 찾아온다.

그 밖에 변신술에도 능하며 다양한 도술도 부릴 줄 알고, 책략에도 능하다. 본체는 암 여우이기 때문에 여우를 잡는 밧줄인 철삭*과 부적으로 잡을 수 있다.

* **철삭 :** 여우 요괴를 잡을 수 있는 밧줄. 자세한 내용은 <한국 판타지 아이템 도감>에서 확인할 수 있다.

기린

이름	기린	이해관계	+3*
종	신수	출몰지역	알 수 없음
분류	신수-환수형	키/크기	9000cm *크기변형가능
속성	흙(土)	몸무게	22t
특징	사령 중 하나 땅 짐승을 대표	나이	알 수 없음
		시대	알 수 없음

기린은 상서로운 길조가 보일 때 나타난다는 신령스러운 동물로, 봉황과 더불어 사령(四靈)* 중 하나다. 기린은 땅 짐승을 대표하는 신수로 땅 짐승의 여러 부분이 합쳐진 모습이다. 그 모습은 기록에 따라 다른데 사슴형, 말형, 용형으로 나누어진다.

기린은 덕과 인을 갖추고 있어서 다른 짐승을 해치지 않을 뿐만이 아니라 살아있는 것이라면 풀이나 작은 벌레조차 밟지 않는다고 한다. <시경>에는 "발이 있는 것은 차기 마련이며 이마가 있는 것은 들이받기 십상이며, 뿔 있는 것은 찌르고자 하는데 유독 기린만은 그렇지 않으니 이것은 기린의 어진 성품을 나타내는 것이다."라고 기록되어 있다.

봉황과 마찬가지로 기린이 나타나면 천하를 태평하게 만들 비범한 인물이나 성인이 나타난다고 믿었다. 또한, 뛰어난 재주를 지닌 아이를 기린아(麒麟兒)라고 불렀다고 한다. 그 외에도 기린은 장수의 상징으로도 사용되었다.

---

*사령(四靈) : 전설상의 네 가지 신령하고 상서로운 동물. 기린, 봉황, 영귀, 응룡을 가리킴.

남성도사

이름	남성	이해관계	▲	POWER | 파워지수
종	요괴	출몰지역	종남산	
분류	괴수-이형-혼합형	키/크기	450cm	
속성	달(月)	몸무게	380kg	
특징	등에 커다란 독수리 날개 세 가지 보배를 사용	나이	1859	
		시대	송나라	

깊은 산속에서 괴이한 요술을 사용하는 도사이다. 영구한 세월 동안 그 누구도 견줄 만한 이가 없을 정도로 강한 힘을 가지고 그것을 유지해왔다. 명감(明鑑)* 또한 매우 뛰어나 상대의 행동을 통해 미래를 예측한다.

　남성도사는 자신을 스스로 '적호선 도사'라 칭하던 천년 묵은 범과 여자로 둔갑한 독수리 사이에서 태어난 자식이다. 본모습은 아버지를 닮은 칡범에 독수리 날개를 달고 있다. 부모가 죽자 스스로 산에 들어가 도를 닦았고 지금의 모습이 될 수 있었다.

　남성도사는 특별한 세 가지 보배*를 가지고 있는데 취화포, 혼천승, 살만부로 모두 어마어마한 힘을 가지고 있다. 또한 남성도사는 매우 뛰어난 도술과 무용 실력을 갖춘 세 명의 제자를 두고 있다.

* **명감(明鑑) :** 사물의 미래에 대한 정확한 관찰력. 또는 그런 관찰.
* **남성도사의 세 가지 보배 :** 취화포, 혼천승, 살만부로 모두 강한 힘을 가지고 있다. 자세한 내용은 <한국 판타지 아이템 도감>에서 확인할 수 있다.
* **남성도사의 제자들 :** 3명으로 흑선곤, 녹행손, 백두백산이다. 흑선곤은 곰과 인간의 혼혈, 녹행손은 사슴, 백두백산은 청사자로 스승인 남성도사에 못지않게 굉장한 도술 실력과 비상한 머리를 가지고 있다.

대수장군

이름	대수	이해관계	+3
종	신령	출몰지역	영주 지역 들판
분류	신령-수련형	키/크기	3500cm *크기변형가능
속성	나무(木)	몸무게	17t
특징	악한 요괴와 싸울 때 흉악한 모습이 됨	나이	1850
		시대	원나라

POWER | 파워지수

지능 / 주술 / 요술 / 자연조절 / 근력

59

노안백발에 선풍도골의 신선이다. 원래는 굉장히 웅장하고 몸체가 큰, 천 년 동안 자라서 영험한 힘을 가진 나무였다. 옛날 비범한 힘을 가진 자가 '대수장군(大樹將軍)'이라는 이름을 새겨줘서 신선이 될 수 있었다. 이름을 가진 후에는 악한 일을 저지르는 요괴들을 잡으러 다녔다.

남악산의 신령으로부터 받은 철장을 주로 사용하며, 이 철장을 이용해 나라를 무너뜨리려 한 대망과 싸움에서 이긴 적이 있다. 그 후에 나라를 구한 공을 인정받아 사당을 만들어 신령으로 모셔지게 되었다.

짐승형 요괴들과 싸울 때는 용모와 이목구비가 흉악하게 변하며, 좌우로 팔이 여덟, 다리가 네 개로 늘어난다. 눈을 한 번 깜빡이면 천지가 어두워졌다고 밝아지고, 다리를 한 번 구르면 땅이 진동하며, 팔을 한 번 휘두르면 구름과 바람이 일어나 적들을 날려버린다. 한 번 도움을 받으면 그 은혜를 절대 잊지 않고 돌려주는 의리를 가지고 있다.

쥐, 곰, 여우, 호랑이 네 마리의 동물들로 구성된 도적들이다. 전부 천 년 이상씩은 살아왔으며 인간으로 둔갑할 수 있음은 물론, 각자가 특화된 능력이 하나씩 있다.

이름	화검호	이해관계	▲	POWER | 파워지수
종	요괴	출몰지역	대도둑의 섬	지능
분류	괴수-일반형-요술형	키/크기	260cm	근력 / 주술
속성	불(火)	몸무게	170kg	**61**
특징	대적사괴의 우두머리 불칼을 다루는 호랑이	나이	10500	자연조절 / 요술
		시대	알 수 없음	

만년 묵은 호랑이로 불칼을 다룬다. 대적사괴의 우두머리 격으로, 공중제비를 돌며 쉽게 꺼지지 않는 불칼을 날려 상대를 공격한다. 용맹하고 덩치가 좋은 남자로 변신할 수 있다.

이름	천문복	이해관계	▲	POWER | 파워지수
종	요괴	출몰지역	대도둑의 섬	지능
분류	괴수-일반형-요술형	키/크기	165cm	근력 / 주술
속성	달(月)	몸무게	38kg	**51**
특징	우주의 현상과 법칙성을 통달한 여우	나이	1020	자연조절 / 요술
		시대	알 수 없음	

천년 묵은 여우로 천문*을 볼 줄 안다. 그래서 상대방의 행동이나 미래를 구체적이지는 않지만, 어느 정도 맞출 수 있다. 굉장히 마르고 날카로운 인상을 가진 사람으로 변신할 수 있다.

* **천문**: 우주와 천체의 온갖 현상과 그에 내재된 법칙성.

이름	해일서	이해관계	▲	POWER | 파워지수
종	요괴	출몰지역	대도둑의 섬	
분류	괴수-일반형-요술형	키/크기	70cm	지능
속성	물(水)	몸무게	6.4kg	근력 55 주술
특징	어디서든 해일을 일으킬 수 있는 쥐	나이	10500	
		시대	알 수 없음	자연조절 요술

만년 묵은 쥐로 해일을 일으킨다. 물이 없는 곳에서도 좁고 긴 꼬리를 번개같이 돌리면 폭포와 같은 물이 쏟아지며 이를 이용해 해일을 일으킨다. 망토를 둘러쓴 특이한 난쟁이로 변신할 수 있다.

이름	화토웅	이해관계	▲	POWER | 파워지수
종	요괴	출몰지역	대도둑의 섬	
분류	괴수-일반형-요술형	키/크기	280cm	지능
속성	불(火)	몸무게	560kg	근력 49 주술
특징	입에서 불을 뿜어내는 곰	나이	1020	
		시대	알 수 없음	자연조절 요술

천년 묵은 곰으로 입에서 불을 뿜어낸다. 불의 세기가 일반적인 것과는 다르게 강하여 성을 태우는 일도 순식간에 할 수 있다. 검고 무서운 얼굴의 인간 남자로 변신할 수 있다.

대호신선

이름	대호	이해관계	+2
종	신수	출몰지역	용문산
분류	신수-수련형	키/크기	470cm
속성	흙(土)	몸무게	410kg
특징	용문산의 커다란 호랑이 인간의 소원을 들어줌	나이	1653
		시대	명나라

POWER | 파워지수

지능
근력
주술
자연조절
요술

57

용문산에 사는 대호(大虎)로 소원을 빌면 이루어준다. 용문산에 간다고 해서 만나기 쉬운 것은 아니며 간절한 마음을 가지고 100일간 기도드린 이들만이 산신의 허락 아래 이 호랑이를 만날 수 있다.

처음에는 거대한 호랑이의 모습으로 나타나며 인간이 이야기하는 것을 들어보고 그 간절함이 크다고 느끼면 학창의를 입고 칠관을 머리에 쓴 인간으로 변신한다. 변신 후에도 특별한 말을 하지는 않고 인간이 비는 소원을 들어주기만 한다.

소원에 따라 다르지만, 질병이나 억울한 죽음에 관한 소원을 빌면 어디서도 구할 수 없는 환생 약과 구슬을 건네준다고 한다.

둔구리

이름	둔구리	이해관계	-1
종	요괴	출몰지역	선구마을
분류	괴수-일반형-요술형	키/크기	73cm
속성	불(火)	몸무게	8kg
특징	둔갑술의 천재 약점: 장승 씻은 물	나이	1210
		시대	조선

POWER | 파워지수

지능 / 주술 / 요술 / 자연조절 / 근력

31

천 년 이상씩을 살며 인간으로 둔갑할 수 있는 너구리 요괴다. 이들은 아이부터 어른까지 남녀노소 가리지 않고 인간의 모습으로 둔갑할 수 있으며, 보통의 인간은 이를 알아챌 수 없을 만큼 감쪽같이 둔갑한다. 오래 산 둔구리일수록 둔갑술이 뛰어나다.

어떤 둔구리들은 평생을 인간으로, 인간과 함께 공존하며 살아가기도 한다. 여우 요괴에게 둔갑술을 가르쳤다고 알려져 있으며, 둔구리의 가장 유명한 일화로는 마을 입구를 지키는 장승이 인간으로 둔갑한 둔구리를 막지 못하고 그냥 마을에 들인 사건이다. 이렇게 마을에 들어간 둔구리는 인간 여자와 결혼하여 아이까지 낳았다고 한다. 하지만 후에 이 사실을 들켰고 약점인 장승 씻은 물을 먹고 죽을 뻔했으나 먹기 직전 도망쳤다고 한다. 지금은 행방이 묘연하지만 이런 일화들로 둔구리의 둔갑술이 매우 뛰어남을 알 수 있다.

둔구리의 약점
일반적인 장승이 아닌 수천 년 묵은 광풍 나무로 만든 장승을 씻은 물로
둔구리를 죽일 수 있다.

랑선

이름	랑선	이해관계	+2
종	신령	출몰지역	옥황궁
분류	신령-신형	키/크기	180cm
속성	물(水)	몸무게	62kg
특징	천계에 사는 호랑이 선녀	나이	1530
		시대	조선 세종

POWER | 파워지수

지능 · 주술 · 요술 · 자연조절 · 근력

55

천계에 사는 선녀로 인간 세상에서는 호랑이의 모습을 하고 있다. 랑선은 신체적 결함을 가지고 있는 이들에게 도움을 주며, 그들이 결함을 극복할 수 있도록 만들어준다. 그 예로 옛날 손과 발이 없던 한 소녀에게 손과 발을 만들어주고 도와줬다는 이야기가 있다.

　모든 이들을 도와주는 것은 아니며, 불쌍한 사연을 가졌거나 억울한 이들만을 위해 능력을 사용한다. 그리고 딱 한 번 천계에 갈 수 있도록 선녀의 날개옷을 선물로 주는 예도 있는데 이는 매우 드문 경우다.

　선녀의 옷은 천계로 갈 수 있을 뿐만이 아니라 실과 바느질 자국이 없어 천의무봉 (天衣無縫)*이라고 불리기 때문에 부자들이 천만금을 주고라도 사려고 하므로 그것을 노리고 랑선을 찾으러 다니는 사냥꾼들도 더러 있다.

---

* **천의무봉(天衣無縫) :** 선녀(仙女)의 옷에는 바느질한 자리가 없다.

명호

이름	명호	이해관계	+2
종	신수	출몰지역	어두운 밤 산속
분류	신수-수련형	키/크기	250cm
속성	불(火)	몸무게	215kg
특징	호랑이 불을 자유자재로 다룸	나이	1000
		시대	알 수 없음

POWER | 파워지수

지능, 주술, 요술, 자연조절, 근력
47

밤이 늦은 시간 어두운 산길을 걷다 보면 만날 수 있는 호랑이다. 불을 들고 나타나 인간이 무사히 산길을 지나갈 수 있도록 인도해준다. 명호가 들고 있는 불을 '호랑이 불'이라고 하며, 흔히 우리가 아는 도깨비불보다 더 크고 밝은 것이 특징이다.

앞발에 불을 들고 나타나는 경우, 눈에서 밝은 불이 나오는 경우, 불덩어리를 동행처럼 가지고 나타나는 경우 등 본 인간마다 불을 들고 있는 모습이 다르다고 하여 한 마리가 아닌 여러 마리가 아닐까라는 소문이 돌기도 한다.

언제 어느 산에 나타날지는 모르나 명호는 절대 인간을 공격하지 않으며, 인간이 쉬면 같이 쉬고, 거동이 불편하거나 위험해 보이는 이들은 자신의 등에 태워 산 아래까지 안전하게 데려다주곤 한다.

묘향

이름	묘향	이해관계	0
종	신령	출몰지역	태백산
분류	신령-신형	키/크기	190cm
속성	해(日)	몸무게	72kg
특징	단군의 진짜 어머니라는 소문의 주인공	나이	알 수 없음
		시대	고대

POWER | 파워지수

지능 / 주술 / 요술 / 자연조절 / 근력

29

많은 이들이 단군의 어머니를 웅녀로 알고 있지만, 사실 묘향이 단군의 진짜 어머니라는 소문이 있다. 환인의 아들 환웅이 태백산에 내려와 신단수 아래에 살았는데 하루는 백호(白虎)를 만나 사랑에 빠져 아들 단군을 낳았다고 하며, 이 이야기 속 백호가 바로 묘향이다. 소문이기 때문에 정확한 것은 모른다. 묘향은 일반적인 호랑이들과는 달리 비범하고 묘한 기운을 풍기는데, 그녀가 어디에 있든지 한눈에 알아볼 수 있을 정도이다. 묘향의 능력에 관해서는 알려진 바가 없으며, 지금도 태백산 어딘가에 있을 거라는 추측만 있을 뿐 자세한 건 알려진 것이 없다.

박노저

이름	박노저	이해관계	0
종	요괴	출몰지역	알 수 없음
분류	괴인-이형-사고형	키/크기	170cm
속성	불(火)	몸무게	100kg
특징	거대한 멧돼지 요괴 현재 행방불명	나이	476
		시대	조선

POWER | 파워지수

지능
주술
요술
자연조절
근력

27

어느 날 인간에서 거대한 멧돼지로 변해버린 요괴다. 원래는 평범한 노인으로 한 집안의 가장이었다. 젊어서부터 건강하기로 유명했고, 나이를 먹은 후에도 병 한 번 걸린 적이 없었다. 누군가에게 원한을 산 적도 없는 인물이라 어떠한 연유로 인해 멧돼지가 되었는지는 비밀에 싸여있다. 이 노인의 아들에게서 들은 말에 의하면 그날 아버지가 '내 오늘 낮잠을 자려고 하니 너희들은 문을 닫고 밖으로 나가거라. 경솔하게 문을 열고 들어와선 안 되느니라. 내가 부르거든 그때 문을 열어라.'라고 말한 게 전부였다고 한다. 하지만 밤이 늦도록 아버지는 나오지 않았고, 걱정되는 마음에 아들이 문을 열었을 때는 커다란 멧돼지만이 있었다고 한다. 멧돼지는 가족들을 보자마자 벽을 뚫고 도망쳤고, 이 이후로는 이따금 깊은 산에서 멧돼지 울음소리만 들릴 뿐 다시는 볼 수 없었다고 한다. 이 멧돼지 요괴는 모든 것이 비밀에 부쳐있으며, 현재는 행방불명이나 인간을 마주쳐도 공격하지는 않는다고 한다.

박쥐범

이름	티뱃	이해관계	-1
종	요괴	출몰지역	산속 혹은 동굴
분류	괴수-이형-혼합형	키/크기	50cm
속성	달(月)	몸무게	3kg
특징	박쥐날개가 달린 초록색 호랑이 요괴	나이	개체마다 다름
		시대	조선 후기

POWER | 파워지수

지능 / 주술 / 요술 / 자연조절 / 근력

34

얼핏 보면 호랑이와 비슷하게 생겼는데, 온몸을 뒤덮은 털이 초록빛이라 일단 한 번 보면 그 모습을 평생 잊을 수 없다고 한다. 더욱더 기이한 점은 몸에 날개가 돋아있는데 털이 뒤덮인 몸통과 달리 털 하나 없이 매끈하다는 것이다. 이것이 티뱃의 가장 큰 특징이다.

깊은 산속 동굴에서 무리 지어 살아가며 적게는 수십 마리에서 수천 마리까지 동굴 천장에 매달려 있는 것을 발견할 수 있다. 티뱃이 인간에게 발견되는 일은 매우 드물다. 이 요괴는 털이 초록색인 점을 이용해 풀숲 사이에 숨어있다가 인간이 나타나면 아기의 울음소리와 비슷한 소리를 내서 유인한다. 초록색의 털로 인해 눈에 잘 띄지 않는데 만약 알 수 없는 요괴가 보이기 시작했다면 도망가기엔 늦었다.

백두대모

이름	정화	이해관계	0	POWER ㅣ파워지수
종	신령	출몰지역	백두산	
분류	신령-신형	키/크기	164cm *크기변형가능	
속성	흙(土)	몸무게	43kg	
특징	백두산의 정기 그 자체인 신	나이	알 수 없음	
		시대	고대	

백두산을 지키는 산신으로 백두산의 정기, 그 자체라 할 수 있어서 백두산에 무슨 일이 생기면 그 영향을 가장 크게 받는다.

예전에 지옥신이라는 악한 신에 의해 백두산이 더럽혀지면서 힘을 잃었던 적이 있는데 기도한 끝에 특별한 힘을 가진 일곱 쌍둥이를 낳았고, 자신의 힘이 더해진 일곱 쌍둥이 덕에 지옥신을 이기고 백두산을 되찾을 수 있었다. 지옥신을 이긴 후에 백두산에는 백두대모를 상징하는 내두산이 솟았고, 그 주위로 일곱 개의 봉우리 칠성봉이 솟아올랐다고 한다. 이후 내두산에 무슨 일이 일어나면 칠성봉에서 일곱 형제가 나타나 정화를 지킨다.

백묘괴

Myolong

이름	묘롱	이해관계	-1
종	요괴	출몰지역	단양
분류	괴수-일반형-요술형	키/크기	162cm~300cm
속성	쇠(金)	몸무게	12kg
특징	허리가 끝도 없이 늘어남	나이	622
		시대	조선 성종

POWER | 파워지수

지능 / 주술 / 요술 / 자연조절 / 근력

35

단양 지역에서 가짜 승려 행세를 하는 고양이 요괴다. 산골에 사는 인간들을 속여 제단을 설치해 자신에게 쌀이나 재산을 바치도록 한다.

구름을 타고 다니는 등의 도술을 이용해 인간을 속이는데 탁월하다. 작은 굴속에 자신만의 무릉도원을 만들어놓고 그 안에서 인간들에게 받은 쌀로 호의호식하며, 본모습을 숨긴 채 늙은 노승의 모습으로 대부분 시간을 보낸다.

본체는 하얗고 거대한 고양이로 몸이 자유자재로 길어지는데, 허리가 길게 늘어나는 모습을 보고 있으면 소름이 돋고 말이 나오지 않는다고 한다. 보통 자신의 정체를 밝히러 온 이들을 뚫어지게 쳐다보면서 기를 죽여 쫓아내는데 자신보다 강한 기를 가진 인간을 만나면 바로 본 모습을 드러낸 채 죽어버린다.

백미범

이름	미범	이해관계	+2
종	요괴	출몰지역	백인재 고개
분류	괴수-일반형-요술형	키/크기	220cm
속성	해(日)	몸무게	175kg
특징	눈썹을 통해 둔갑한 요괴를 구분할 수 있음	나이	500
		시대	조선

POWER | 파워지수

지능
근력
주술
자연조절
요술

52

모든 것을 꿰뚫어 볼 수 있는 눈썹을 가진 호랑이다. 이 눈썹은 미범의 집안 대대로 내려오던 특별한 눈썹으로, 둔갑한 요괴를 잡는 것이 숙명처럼 여겨져 왔다. 이 눈썹을 통해 인간을 구별해내며, 인간으로 둔갑한 요괴나 동물들은 한눈에 알아보고 잡아먹는다. 그래서인지 자기 눈썹에 대한 애착이 굉장히 강하다.

백인재라는 고개에 노인의 모습으로 머물고 있으며 인간은 잡아먹지 않는다. 하지만 인간을 잡아먹는다고 소문이 나서 겁에 질린 인간들은 백인재를 올라가기 전에 백 명이 모여야만 올라갔다고 한다. 눈썹 자체의 특별한 능력이 탐이 나서 미범의 눈썹을 노리고 백인재에 올라오는 이들도 많다고 한다.

봉황

이름	봉황	이해관계	+3*	POWER | 파워지수
종	신수	출몰지역	알 수 없음	
분류	신수-환수형	키/크기	20000cm *크기변형가능	
속성	해(日)	몸무게	가늠할 수 없음	
특징	사령 중 하나로 새들의 왕	나이	알 수 없음	
		시대	알 수 없음	

POWER 파워지수: 지능, 주술, 요술, 자연조절, 근력 — 74

봉황은 새들의 왕으로, 기린·영귀·응룡과 함께 사령(四靈) 중 하나이다. 본래 봉황은 암수 구별이 없다. 용과 더불어 신수 중 가장 높은 위상을 차지하고 있다. 봉황은 여러 동물이 합쳐진 모습인데, 각 동물의 상징성은 제왕이 갖추어야 할 열 가지 덕목과 맞아떨어진다고 하며, 이는 다음과 같다.

기러기의 앞모습 - 신의를 생명처럼 지킴
기린의 뒷모습 - 슬기와 재주를 갖춘 현인
제비의 턱 - 비를 부르는 재주와 부귀 및 장수
닭의 부리 - 여명이 다가오는 것을 가장 먼저 감지
뱀의 몸 - 풍년과 다산
물고기의 꼬리 - 군 통수권자
황새의 이마 - 고귀, 고결, 장수
원앙의 뺨 - 원만한 가정, 사회, 국가
용의 비늘 - 제후, 재상 등 뛰어난 인물
거북의 등 - 장수와 예견력

날개는 빨강, 파랑, 노랑, 하양, 검정의 오색이며, 몸집이 매우 거대하다. 울음소리는 궁(宮), 상(商), 각(角), 치(徵), 우(羽)의 오음(五音)으로 낸다. 봉황이 나타난 곳은 천하가 태평해진다고 한다.

불괭이

Hwamyo

이름	화묘	이해관계	-2
종	귀신	출몰지역	주택가
분류	괴수-일반형-수귀형	키/크기	60~300cm
속성	불(火)	몸무게	21g
특징	고양이 귀신 호랑이 정도 크기의 불덩어리로 나타남	나이	320
		시대	조선

POWER | 파워지수
지능 · 주술 · 요술 · 자연조절 · 근력
37

어릴 적부터 길러지던 집에서 늙고 쥐를 잡지 않는다는 이유로 버려진 후, 한을 품어서 귀신이 된 고양이다. 귀신이 된 이후에는 자신을 버린 집에 안 좋은 일이 계속해서 일어나도록 저주를 내렸다. 그렇게 주인을 망하게 만든 이후로는 버려지는 고양이들을 대신해 저주를 내리고 다녔다. 평소에는 일반적인 고양이처럼 있지만, 저주를 내리기 위해 나타날 때는 호랑이 정도 크기의 불덩어리로 나타난다. 때때로 진짜 호랑이와 비슷한 모습으로 둔갑해서 등장하기도 한다.

불괭이를 막을 방법은 소고기와 인삼을 먹인 삽살개 3마리뿐인데, 불괭이의 힘이 강해졌을 때는 삽살개 3마리가 모두 죽기 직전까지 싸워야만 불괭이를 쓰러트릴 수 있다고 한다.

비호

이름	비호	이해관계	-2
종	요괴	출몰지역	깊은 산속
분류	괴수-이형-돌연변이형	키/크기	260cm
속성	나무(木)	몸무게	220kg
특징	공중을 나는 호랑이	나이	569
		시대	조선 선조

POWER | 파워지수

지능, 주술, 요술, 자연조절, 근력
33

공중으로 날아오를 수 있는 호랑이다. 이름 모를 산속 굴 안에 사는 호랑이로 몸집이 매우 크며, 공중에 잠깐 떠 있는 것이 아니라 그 상태로 한참을 싸울 수도 있다. 잡아먹은 인간의 수만큼 원한을 샀기에 비호는 많은 이들이 노리는 요괴 중 하나다. 하지만 보통 인간은 공중에 날아오르는 비호를 보기만 해도 그저 덜덜 떨고 몸이 굳어져 아무것도 못 한 채 잡아먹힌다고 한다.

예전에 홍의장군 곽재우가 비호를 잡으러 갔다는 기록이 있다. 처가에 간 곽재우는 사람이 오르지 못하는 산이라는 이야기를 전해 듣고는 그 산을 올랐고, 그곳에 사는 사냥꾼으로부터 비호의 이야기를 전해 듣는다. 곽재우는 아버지의 원수를 갚는다는 사냥꾼을 도와 비호를 잡으러 가는데 처음에는 비호를 보고는 아무것도 못 한 채 기절했다고 한다. 하지만 힘을 내어 호랑이의 시선을 끌었고, 곽재우가 시선을 끈 덕에 사냥꾼이 비호를 잡을 수 있었다고 한다. 이처럼 매우 잡기가 힘들고 오히려 잡아먹힐 수 있어서 비호가 사는 산은 인간이 내려가지도 올라가지도 못하는 곳으로 소문나있다.

사자

이름	사자	이해관계	+1
종	신수	출몰지역	산속
분류	신수-환수형	키/크기	150cm
속성	해(日)	몸무게	30kg
특징	금빛털을 가진 액을 물리치는 신수	나이	1649
		시대	삼국시대

POWER | 파워지수

지능
근력 / 주술
47
자연조절 / 요술

신성함과 절대적인 힘을 가지고 있는 존재로, 위엄있고 용맹스러워 액을 물리치는 신수이다. 박지원의 <열하일기>에 따르면 사자는 몸이 짧으며, 목이 짧고 작아서 흡사 가정에서 기르는 금빛털을 지닌 삽살개처럼 생겼는데 여러 짐승이 이를 보면 기에 눌려 무서워 엎드리고 감히 쳐다보지도 못했다고 한다. <어우야담> 속에도 사자가 등장하는데 크기가 개만 하고, 온몸이 푸른색이었으며, 눈은 금방울 같았다고 한다. 보는 이마다 묘사되는 모습은 조금씩 다른 편이다.

사자는 예부터 나쁜 기운을 쫓아내고 병을 막아줬다. 그래서 사자의 털을 갖고 있으면 장수할 수 있으며, 사자를 탄 어린이는 건강해진다고 믿었다. 봉산, 황주, 강령, 통영, 북청 등에서는 이 신수의 모습을 빌려 사자놀이라는 춤을 춰 사귀를 몰아내고 경사로움으로 마을의 평안을 기원하고 유지하고자 했다고 한다.

산군대신

이름	검단호	이해관계	+2	POWER | 파워지수
종	신령	출몰지역	검단산	지능
분류	신령-신형	키/크기	166cm	근력 · 주술
속성	물(水)	몸무게	65kg	54
특징	빨간열매로 어떤 상처든 치유해줌	나이	알 수 없음	자연조절 · 요술
		시대	알 수 없음	

검단산 깊은 곳에 사는 호랑이로, 검단산을 다스리는 산신이다. 보통은 호랑이의 모습이 아닌 평범한 나무꾼의 모습으로 나타난다. 검단산을 돌아다니며 다쳤거나 쓰러진 인간을 발견하면 아무도 모르게 큰 바위 밑으로 옮긴 뒤, 치유 효과가 있는 특이한 모양의 빨간 열매를 먹인다. 이 빨간 열매를 먹으면 어떤 상처든 순식간에 치료되는데, 이렇게 치료받은 이들은 입에 빨간 열매의 액이 묻어 입가가 붉은 채로 마을 근처에서 발견되곤 한다. 재미있는 점은 이렇게 치료까지 다 해주고는 다친 이들을 다시 마을로 데려다줄 때 조심스럽지 못해 나뭇가지에 긁히게 하는 등 실수를 한다는 것이다.

삼족구

Samjoggu

이름	삼족구	이해관계	+2
종	요괴	출몰지역	알 수 없음
분류	괴수-이형-돌연변이형	키/크기	120cm
속성	불(火)	몸무게	25kg
특징	다리가 세 개 여우 요괴의 천적	나이	1130
		시대	후고구려 말기

POWER | 파워지수

지능 / 주술 / 요술 / 자연조절 / 근력

35

다리가 셋인 강아지 요괴다. 다리가 셋이어도 여우 하나쯤 잡는 것은 일도 아니다. 여우의 천적으로 여우 요괴가 어떤 모습으로 둔갑해있더라도 바로 알아차리고 달려들어 물어 죽인다. 실제로 예전에 궁예가 후고구려의 왕이 되었을 때 진짜 왕비를 죽이고 구미호가 왕비 노릇을 하고 있었다고 한다. 신하들은 왕비가 구미호임을 알아채고 수소문해 삼족구를 구해 왔고, 삼족구는 왕비를 보자마자 달려들어 목을 물어 뜯어 죽였다고 한다. 이처럼 삼족구는 여우 요괴를 단번에 알아보고 죽일 뿐만 아니라 둔갑한 요괴들을 한 번에 알아보고 죽일 수 있는 능력을 가지고 있다고 한다.

영호

이름	영호	이해관계	-2	POWER | 파워지수
종	요괴	출몰지역	송악산	지능
분류	괴수-일반형-요술형	키/크기	178cm	
속성	해(日)	몸무게	88kg	근력 / 주술
특징	스님의 모습으로 둔갑	나이	650	40
		시대	조선 성종	자연조절 / 요술

스님의 모습으로 나타나 인간을 홀리고 잡아먹는 송악산의 수백 년 묵은 호랑이다. 아무나 마구잡이로 잡아먹지 않으며 송악산의 산신에게 먹어도 된다는 허락을 받은 인간만 잡아먹는다. 송악산 산신 자체가 무신경한 편이라 영호가 하는 일을 크게 제재하진 않는다. 신통술에 능하고 창과 칼이 통하지 않아서, 도술을 통해 하늘과 땅 위아래로 그물을 만들어 가둔 후 부적을 붙이고 주문을 외워서 잡아야 한다. 영호는 정체가 탄로 나면 본 모습을 드러내는데 그 크기가 태산 같으며, 안광이 흉흉하게 빛나고, 쇠스랑 같은 단단한 발톱을 자랑하며, 붉은 입을 벌리고 큰 톱으로 나무 켜는 소리 같은 고함을 지른다고 한다. 인간의 말을 알아들으나 대화를 시도한다고 해서 들어주지는 않으니 만약 이 호랑이를 만난다면 조용히 있는 것이 현명할 수도 있다.

우완범

이름	우완범	이해관계	-2*
종	요괴	출몰지역	산속
분류	괴수-일반형-요술형	키/크기	189cm
속성	불(火)	몸무게	78kg
특징	도술에 능한 호랑이 의리 넘침	나이	250
		시대	조선

POWER | 파워지수

지능 / 주술 / 요술 / 자연조절 / 근력 — **40**

이 산 저 산을 자유롭게 왔다 갔다 할 수 있을 정도의 축지법과 무엇이든 변신할 수 있는 변신술에 능한 요괴다. 인간의 말을 할 수 있고 매우 영리해서 단순히 재미로 산에 올라온 인간들에게 술법 내기를 건다. 우완범과의 술법 내기에서 진 인간은 우완범의 한 끼 식사가 된다. 그래서 옛날 사람들은 우완범을 피하고자 산에 올라가기 전 같이 올라갈 사람 100명을 모은 후 산고개를 넘었다고 한다.

우완범은 자신보다 뛰어난 인간을 만나면 그의 오른팔이 되어 형님으로 모시며 죽음까지도 책임지는 의리를 보여준다. 이렇게 뛰어난 도술과 머리에 비해 의외로 단순하고 의심이 없어 남이 하는 말을 잘 믿는다.

육발이

이름	육발이	이해관계	-2*	POWER | 파워지수
종	요괴	출몰지역	강릉 옥계면 밤산	
분류	괴수-일반형-변이형	키/크기	158cm	
속성	나무(木)	몸무게	70kg	
특징	발이 여섯 개 바둑내기를 좋아함	나이	2073	
		시대	고려 현종	

POWER \| 파워지수

지능
주술
요술
자연조절
근력

47

강릉 옥계면 밤산 깊은 곳에 사는 요괴로 발이 여섯 개라 육발이라 부른다. 귀가 찢어져 있는데 그 이유는 모른다. 밤산 꼭대기에는 바둑판 모양이 그려져 있는 널따란 반석(盤石)*이 있는데 육발이는 거기서 인간으로 둔갑한 채 인간이 지나가길 기다린다. 그리고 인간이 나타나면 자신과의 바둑 내기를 권한다. 자신을 이기면 돈을 주겠다고 꼬드기는데, 내기를 거절해도 잡아먹으니 육발이를 만나면 싫든 좋든 바둑을 두어야 한다. 약속대로 인간이 내기에서 이기면 돈을 주고, 지면 바로 본모습을 드러내 잡아먹는다.

육발이의 무서운 점은 대결한 상대의 바둑 능력을 그대로 흡수하여 그 실력이 점점 는다는 것이다. 그래서 많은 사람이 밤산에 올라가서는 돌아오지 않는다. 수많은 사람을 잡아먹었더니 어느 날부턴가 발이 하나 더 자라기 시작했고, 발이 6개가 되어있었다. 육발이를 이긴 사람은 매우 드물며, 옛날 강릉 부사로 내려온 강감찬(姜邯贊)이라는 사람만이 육발이를 이겼다고 한다.

* **반석(盤石)** : 넓고 편편한 바위

자운지네

Dogogong

이름	독오공	이해관계	-1
종	요괴	출몰지역	자운산
분류	괴수-이형-돌연변이형	키/크기	200cm
속성	나무(木)	몸무게	40kg
특징	인간을 홀림 독기가 매우 강함	나이	999
		시대	송나라

POWER | 파워지수

지능 · 주술 · 요술 · 자연조절 · 근력 — **35**

수천 년 묵은 나무 속에 기생하는 지네요괴다. 빼어난 미모의 여인으로 나타나 산속에 혼자 있는 인간의 온몸을 긴 나무로 두드리며 홀린다. 이렇게 홀린 사람은 밤낮으로 이상한 소리를 내고 앓는다고 한다. 인간이 앓기 시작하면 인시(寅時)*와 묘시(卯時)* 사이의 네 시간 동안 찾아와 밤낮으로 보채 더 안 좋은 상태로 만든다.

이를 간호하기 위해 또 다른 인간이 다가가면 더 심하게 앓거나 병을 옮기기도 하므로 어찌할 바가 없다고 한다. 고치는 방법은 자운지네가 기생하는 나무를 베어내거나 쓰러뜨리는 것뿐이다. 그래서 자운지네는 사람이 버드나무 근처로 오기만 해도 경계하여 독기를 내뿜는데 그 기운이 일반 사람들은 기절할 정도라고 한다.

* **인시(寅時) :** 오전 세 시에서 다섯 시까지.
* **묘시(卯時) :** 오전 다섯 시에서 일곱 시까지.

자정쥐

이름	자정쥐	이해관계	-1
종	요괴	출몰지역	자정동
분류	괴수-일반형-요술형	키/크기	평균 6cm
속성	물(水)	몸무게	평균 10g
특징	자정동이라는 섬에 사는 쥐 종족 흰색 옷이 대장	나이	개체마다 다름
		시대	원나라

POWER | 파워지수

지능 / 주술 / 요술 / 자연조절 / 근력

32

수백 년을 살아 신통한 요술을 부릴 수 있는 쥐 요괴로, 이름도 없고 위치도 정확하지 않은 섬에 자정동이라는 비석을 세우고 무리로 사는 것이 특징이다. 이 자정동은 실제로 존재하는 지명이 아닌 한자로 쥐를 의미하는 '자(子)'를 써서 만든 이름이다.

수백 년을 살았기에 일반 쥐와는 사뭇 다른 모습을 가지고 있다. 자정쥐들은 보통 무리로 다닌다. 전부 인간으로 둔갑할 줄 알지만, 그 모습이 완벽하지는 않아서 변신한 모습이 다 다르고 쥐의 특성이 조금씩은 드러난다.

인간에게 환술을 보여주거나 인간을 납치하는 요술은 대장만이 사용할 수 있다. 인간의 모습일 때 하얀 옷을 입고 있는 이가 이 무리의 대장으로, 부하들보다 큰 몸집을 자랑한다. 누군가가 섬에 도착하면 인간의 모습으로 나타나 자신들만의 왕국을 자랑한다.

점술토

이름	흥행	이해관계	+1*	POWER | 파워지수
종	요괴	출몰지역	알 수 없음	지능
분류	괴수-일반형-요술형	키/크기	102cm	근력 주술
속성	달(月)	몸무게	8kg	23
특징	백이면 백, 다 맞추는 점술사	나이	632	자연조절 요술
		시대	알 수 없음	

언제 어디서 나타날지 모르는 토끼 요괴다. 홀연히 앞에 나타나 산통*을 흔들며 자신의 점괘를 말해주고는 사라진다.

점쟁이 토끼의 점괘는 백이면 백, 다 맞춘다고 소문이 나 있어 수많은 요괴와 인간들이 이 토끼를 찾아다니지만 만나기가 여간 쉽지 않다. 만약 이 토끼를 만난다고 해도 점괘를 듣기는커녕 무시만 당할 수도 있다. 자신이 흥미가 있는 대상 혹은 꼭 알려줄 점괘가 있는 이 앞에만 나타난다. 이 토끼가 들고 있는 산통에는 다양한 점괘가 들어있으며, 이 산통 속에 들어 있는 점괘만 훔쳐봐도 반은 성공한 거라고 한다.

본체는 토끼면서 호랑이도 겁내지 않는 강심장의 소유자다. 점술토는 점술뿐만이 아니라 머리도 매우 비상하여 지혜롭기로 소문 난 구미호가 가끔 찾아와 자문을 구할 정도다. 다만 구미호도 점술토의 행방을 찾는 데는 오래 걸린다고 한다.

* **산통 :** 점을 칠 때 쓰는, 산가지를 넣은 통.

진호

이름	진호	이해관계	-1*	
종	요괴	출몰지역	남원 깊은 골짜기	
분류	괴수-이형-공상형	키/크기	160cm	
속성	불(火)	몸무게	72kg	
특징	비단같은 무늬 번개같이 빠름	나이	300	
		시대	조선 영조	

POWER | 파워지수

지능 / 주술 / 요술 / 자연조절 / 근력 — 26

남원의 깊은 골짜기에 사는 요괴로, 개만 한 크기에 몸에는 비단 같은 무늬가 있다. 몸집은 작지만 번개같이 빠르고, 그 기세가 매우 맹렬하여 나타나기만 해도 바람이 일고 나무가 모두 꺾인다고 한다.

진호는 보기와 달리 찢어지는 듯한 울음소리를 내는데, 이는 호랑이도 무서워서 도망갈 정도라고 한다. 실제로 옛날 중국의 호랑이 사냥꾼이 진호를 잡기 위해 활로 공격했는데 진호가 울음소리를 내자 날아가던 화살이 모두 떨어졌다고 한다. 또한 영조 경신년 봄에 남원에서 어떤 사람이 호랑이에 잡혀가고 있었는데 갑자기 한 골짜기에서 찢어지는 듯한 짐승의 울음소리가 들렸고, 이에 놀란 호랑이가 자신을 내려놓고 도망쳤다는 기록이 있다.

이름	청일(첫째)	이해관계	-2	
종	요괴	출몰지역	산속	
분류	괴수-일반형-변이형	키/크기	75cm	
속성	쇠(金)	몸무게	11kg	
특징	청너구리 삼형제의 리더 2번째로 키가 큼	나이	700	
		시대	알 수 없음	

POWER | 파워지수

지능 / 주술 / 요술 / 자연조절 / 근력

39

이름	청이(둘째)	이해관계	-2	
종	요괴	출몰지역	산속	
분류	괴수-일반형-변이형	키/크기	90cm	
속성	쇠(金)	몸무게	10kg	
특징	청너구리 삼형제의 머리 키가 가장 큼	나이	500	
		시대	알 수 없음	

POWER | 파워지수

지능 / 주술 / 요술 / 자연조절 / 근력

32

눈에서는 파란 안광과 함께 시퍼런 불이 철철 흐르고, 온몸이 푸른 빛의 털로 뒤덮여 있는 것이 특징인 너구리 요괴다.

청일, 청이, 청삼, 삼 형제가 같이 다니며 악하기로 유명하다. 가장 어린 청삼이 삼백 년부터 시작하며, 둘째 청이가 오백 년, 첫째 청일이 칠백 년이나 살았다. 오래 묵을수록 그 힘이 더 크다고 할 수 있다. 자신들만의 소굴이 있으며 다양한 도술을 부릴 줄 아는데, 정확한 사실에 대해서는 알려진 것이 없다.

이름	청삼(셋째)	이해관계	-2	POWER | 파워지수
종	요괴	출몰지역	산속	
분류	괴수-일반형-변이형	키/크기	70cm	
속성	쇠(金)	몸무게	9kg	
특징	청너구리 삼형제의 막내 궁금한 것이 많음	나이	300	
		시대	알 수 없음	

파워지수: 지능, 주술, 요술, 자연조절, 근력 - 26

밤이 되면 사람들을 잡아먹으러 내려오는데 말 그대로 인간을 집어삼킨다고 한다. 작은 몸에 어떻게 인간을 한 번에 삼키느냐고 의문을 가지는 이들도 있는데, 놀랍게도 입이 매우 크게 늘어나며 뱃속 또한 능청낭* 같아서 끝도 없이 들어간다고 한다. 청너구리의 가죽으로 능청낭을 만든다는 소문도 있다. 하지만 자신들의 흔적을 전혀 남기지 않아서 청너구리 삼 형제의 소행인 줄 모르는 경우도 허다하다고 한다.

* 능청낭 : 물건을 아무리 많이 넣어도 채워지지 않는 가죽 주머니다. 자세한 이야기는 <한국 판타지 아이템 도감>에서 확인할 수 있다.

최면호

이름	최면호	이해관계	-2
종	요괴	출몰지역	산속
분류	괴수-일반형-요술형	키/크기	220cm
속성	달(月)	몸무게	210kg
특징	인간에게 최면을 걸어 마음대로 조종함	나이	332
		시대	조선

POWER | 파워지수

지능 / 주술 / 요술 / 자연조절 / 근력

31

인간에게 최면을 거는 요괴다. 어두운 밤 집 밖에서 짐승 소리를 내고, 그 짐승 소리에 홀려 나온 인간에게 최면을 걸어 자기 마음대로 조종한다. 홀린 인간들은 이 소리가 자신을 부르는 목소리로 들렸다고 이야기한다.

최면호는 단순히 자신의 재미를 위해 인간을 장난감처럼 다룬다. 이렇게 최면에 걸린 인간은 자신이 어떤 행동을 하든 기억하지 못하며, 호랑이가 죽거나 최면을 풀어주지 않는 이상 쉽게 이 상태에서 풀려날 수 없어 여기저기 끌려다닌다.

최면호는 자신이 인간을 가지고 놀 때 방해하는 것을 가장 싫어하며 만약 방해하는 이가 있으면 크고 무서운 발톱으로 방해하는 대상을 찢어버린다. 의외로 기죽지 않고 강하게 다가오는 인간이 있으면 슬그머니 도망가곤 한다. 웃긴 점은 허세와 과장이 심해서 도망간 사실은 숨기고 인간이 자신을 무서워하길래 자리를 피해줬단 식으로 이야기한단 것이다.

이름	랑	이해관계	0	POWER | 파워지수
종	요괴	출몰지역	태산	
분류	괴수-일반형-요술형	키/크기	250cm	
속성	달(月)	몸무게	180kg	
특징	뛰어난 도술 실력을 가진 고대 이리	나이	8060	55
		시대	송나라	

이름	웅	이해관계	0	POWER | 파워지수
종	요괴	출몰지역	태산	
분류	괴수-일반형-요술형	키/크기	280cm	
속성	달(月)	몸무게	360kg	
특징	뛰어난 도술 실력을 가진 고대 곰	나이	15000	60
		시대	송나라	

태산에 사는 세 마리의 요괴다. 8천 60년 묵은 이리, 1만 5천 년 묵은 곰, 2만년 묵은 표범으로, 표범인 표가 가장 도술이 강하다. 고대 동물들로 인간이 가늠할 수 없는 시간을 살았다. 이곳 저곳을 다니다 태산에 정착한지는 얼마되지 않았으며, 태산의 산신을 제압하고 수하로 삼았다. 산신을 수하로 삼을 정도로 도술 실력이 굉장한 편이다.

이름	표	이해관계	0	POWER | 파워지수
종	요괴	출몰지역	태산	지능 62 근력 주술 자연조절 요술
분류	괴수-일반형-요술형	키/크기	270cm	
속성	달(月)	몸무게	260kg	
특징	태산삼괴의 리더 셋 중 가장 뛰어남 고대 표범	나이	21000	
		시대	송나라	

　이들은 태산 입구로부터 삼십여 리쯤에 위치한 커다란 굴 근처에서 비린 바람과 검은 구름, 안개와 함께 모습을 드러낸다. 검은 기운이 몸에서 뿜어져 나오며 하늘로 솟아올라 구름을 타고 다닐 수 있다. 그저 도를 닦기 위해 태산을 차지한 것뿐이며, 이를 방해하는 이가 나타나면 가차 없이 죽인다. 십여 명의 인간을 한순간에 죽여버릴 수 있을 정도로 강함에도 불구하고 민간인에게 웬만하면 폐를 끼치지는 않는다.

터린

Turin

이름	터린	이해관계	-1
종	요괴	출몰지역	백두산
분류	괴인-일반형-이종형	키/크기	500cm
속성	쇠(金)	몸무게	390kg
특징	백두산에 사는 털복숭이 등에 새끼를 업고 있음	나이	개체마다 다름
		시대	조선 선조

POWER | 파워지수

지능 / 주술 / 요술 / 자연조절 / 근력 — 20

백두산에 사는 털복숭이 괴물이다. 어떤 노인에게 처음 발견되었는데 키가 수십 척은 되어 보였으며, 그 모습이 마치 거인과 같았다고 한다. 이족보행을 하고 온몸이 긴 털로 뒤덮여 있었으며 덥수룩하게 풀어헤친 머리가 어깨까지 닿았는데 그 모습이 모질고 사나워 보이는 것이 특징이다. 이 괴물은 특이하게 등에 항상 새끼를 업고 다니는데, 새끼 또한 키가 십여 척 정도 되어 보인다고 한다.

주로 육식하고 자신의 앞을 지나가는 사슴이나 토끼 등을 손으로 잡아채서는 산채로 찢어 새끼에게 먼저 먹인 후 자신이 먹는다. 새끼에 대한 모성애가 매우 강한 편이다. 인간을 잡아먹는지에 관해서는 확인되지 않았으나 만약 백두산에서 터린을 만난다면 눈에 띄지 않는 게 좋을 것이다.

토선생

이름	토순이	이해관계	-1	POWER ㅣ파워지수
종	요괴	출몰지역	토끼굴	
분류	괴수-일반형-요술형	키/크기	153cm	
속성	쇠(金)	몸무게	38kg	35
특징	산돼지 같은 모습의 토끼 용궁의 기물을 훔침	나이	3000	
		시대	명나라	

(지능, 주술, 요술, 자연조절, 근력 / 35)

삼천 년 묵은 토끼 요괴다. 전체적으로 산돼지 같은 모습에 파초잎 모양의 귀, 팔다리는 개와 같다. 자칭 토선생이라 하며 토끼굴 안에 집을 수백 채 짓고 산다. 아름다운 여인이 있는 곳이면 어디든지 찾아가 납치해와서 자신의 시중을 들게 한다.

사실 용궁의 용왕 밑에서 호의호식하며 애완동물로 키워지던 존재였으나, 애완동물로 여겨지는 것이 싫어 용궁의 기물을 훔쳐 땅으로 도망쳐왔다. 인간으로 둔갑이 가능한 것은 물론이거니와 변화무쌍함을 지녔으며 다양한 도술을 부릴 줄 안다. 수천 년을 살아서 매우 똑똑해 보이나 은근히 멍청하고 남의 말에 잘 속아 넘어간다.

토선생은 일반적인 무기로는 쉽게 죽일 수 없으며 인간의 것이 아닌 용궁이나 하늘의 기물로만 처치할 수 있다.

팥죽할멈

이름	순자	이해관계	+1
종	신령	출몰지역	산속
분류	신령-신형	키/크기	125cm
속성	해(日)	몸무게	45kg
특징	호랑이를 벌주는 산신 팥죽을 잘 끓임	나이	알 수 없음
		시대	알 수 없음

POWER | 파워지수
47
지능 / 주술 / 요술 / 자연조절 / 근력

인간을 잡아먹는 호랑이들을 벌주는 산신이다. 깊은 산 속에 작은 초가집을 지어놓고 팥죽을 끓이는 할머니의 모습으로 살아가고 있다. 같은 산에 머무르는 것이 아니라 매번 다른 산으로 옮겨 다니며 호랑이들을 벌주고는 한다. 세상에 이유 없이 태어난 것은 없다고 생각하여 모든 것을 아끼는 마음이 크다. 그래서 개, 토끼, 자라, 쥐 등의 동물들이 팥죽할멈을 매우 잘 따른다. 물건들을 마음대로 다룰 수 있는 능력도 있어서 손을 대지 않아도 지게, 멍석 등을 움직일 수 있다.

　이외에도 팥죽을 맛있게 잘 끓이기로 유명하여, 여러 산신들이 가끔 팥죽을 먹으러 오기도 한다.

해양후

이름	해양후	이해관계	0
종	요괴	출몰지역	두류국
분류	괴수-일반형-요술형	키/크기	182cm
속성	해(日)	몸무게	117kg
특징	왕으로 군림하는 돼지 둔갑술이 뛰어남	나이	1050
		시대	신라

POWER | 파워지수

지능 / 주술 / 요술 / 자연조절 / 근력

39

두류국(頭流國)이라는 자신만의 나라를 세워서 왕으로 군림하는 천년 묵은 늙은 돼지다. 해양후는 인간으로 변신할 수 있는데, 특별한 점은 자신뿐만이 아니라 다른 동물들도 인간으로 둔갑시킬 수 있다는 것이다. 이를 이용해 자신만의 나라를 세우고, 인간의 모습을 한 다른 동물들을 신하처럼 부린다.

두류국에 들어온 인간들을 매우 적대시하며 공격한다. 이 늙은 돼지는 일반적인 무기로는 처치할 수 없으며 천 년 이상 묵은 늙은 홰나무로만 물리칠 수 있다. 옛날 옛적 김유신 장군에게 도전했다가 처참하게 패배한 후 현재는 은둔생활을 하고 있다. 자신이 왕이었던 시절을 잊지 못해 자주 추억에 잠기며 "왕년에 내가…"라는 말을 자주 한다.

현호

이름	현호	이해관계	+1
종	요괴	출몰지역	계룡산
분류	괴수-일반형-요술형	키/크기	165cm
속성	달(月)	몸무게	60kg
특징	매우 지혜로운 애늙은이	나이	330
		시대	조선 후기

POWER | 파워지수

지능 / 주술 / 요술 / 자연조절 / 근력

38

계룡산에는 호랑이가 매우 많기로 유명하다. 특히 계룡산의 호랑이들은 인간의 모습으로 둔갑하여 나타나 인간을 홀리고는 한다. 그중 100년 이상 산 호랑이가 있는데 바로 현호다.

오래 살았기 때문에 매우 지혜로우며 누군가 계룡산에 왔을 때 왜 왔는지, 무엇 때문에 왔는지도 다 알고 있다. 풍수지리에 뛰어나 명당을 잘 찾기로 유명하다. 현호에게 명당을 의뢰하러 오는 인간들이 많아 모습을 잘 드러내지 않는다.

이 호랑이 역시 인간으로 둔갑할 수 있으며 주로 백발의 노인 모습으로 나타난다. 주위에 있는 호랑이들이 어려서 그런지 자신을 스스로 늙고 이빨이 다 빠진 호랑이라 칭하며 본인이 매우 늙었다는 것을 강조하지만, 사실상 묘신계에서는 어린 편에 속한다. 인간을 공격하거나 잡아먹지는 않으며, 오히려 악한 호랑이를 만나지 않도록 인간에게 도움을 준다.

호랑각시

이름	복랑	이해관계	+2*
종	요괴	출몰지역	전라북도 무주 금척
분류	괴수-일반형-요술형	키/크기	220cm
속성	불(火)	몸무게	200kg
특징	인간이 되지 못하면 매화 꽃잎만 남기고 사라짐	나이	300
		시대	알 수 없음

POWER | 파워지수

지능 / 주술 / 요술 / 자연조절 / 근력

36

전라북도 무주의 금척마을에 나타난 호랑이 요괴다. 여인의 모습으로 나타나 인간과 결혼한다. 복랑과 결혼하면 집이 대궐로 변하고, 집안에 아픈 이가 있으면 병이 씻은 듯이 낫는 등 집안에 걱정거리가 사라진다고 한다. 하지만 이는 일시적인 것으로 산신령에게 백일기도를 매일 빼먹지 말고 드려야만 완벽한 인간이 될 수 있다. 100일 기도는 산에 올라가서 드려야 하는데 기도를 올리는 동안에는 인간을 만나서는 안 되며, 만약 이를 어기면 복랑이는 매화 꽃잎만 남긴 채 사라져버린다.

복랑이 나타나면 짙은 풀 냄새와 묘한 매화 향기가 난다고 하는데, 이 점을 아는 욕심 많은 인간들이 향기가 나는 호랑이를 찾아다닌다고 한다.

호랑모녀

Lang Mo & Lang Soae

이름	랑모(엄마)	이해관계	-2
종	요괴	출몰지역	산속
분류	괴수-일반형-요술형	키/크기	200cm
속성	달(月)	몸무게	82kg
특징	호랑이 엄마 요리실력이 뛰어남	나이	500
		시대	조선

POWER | 파워지수
41
(지능, 주술, 요술, 자연조절, 근력)

이름	랑소애(딸)	이해관계	-2
종	요괴	출몰지역	산속
분류	괴수-일반형-요술형	키/크기	170cm
속성	달(月)	몸무게	55kg
특징	호랑이 딸 해보고 싶은 게 많음	나이	300
		시대	조선

POWER | 파워지수
35
(지능, 주술, 요술, 자연조절, 근력)

어머니 랑모와 딸 랑소애로 깊은 산 속에서 인간을 홀리고 살아가는 호랑이 모녀다. 다른 호랑이 요괴들이 인간을 그냥 잡아먹는다면, 이 호랑이 모녀는 환술을 사용해 정신을 오염시킨 후 잡아먹는다.

산속 깊은 곳에 살며, 인간이 보이면 친절한 모녀의 모습으로 나타나 맞이한다. 그리고는 시체를 음식처럼 보이게 만들어 대접한다. 음식인 줄 알고 그것들을 먹은 인간은 환술에 취해 정신이 오염되어 그 집에서 나갈 수 없게 되고, 밤이 되면 호랑이 모녀는 이렇게 정신이 오염된 인간의 신체 부위 하나하나를 뜯어 먹는다고 한다. 인간을 홀리는 데 약을 제조하는 요괴와 모종의 거래를 한다고 알려져 있다.

호산웅

이름	호산웅	이해관계	▲	POWER | 파워지수
종	요괴	출몰지역	전쟁터	
분류	괴수-일반형-요술형	키/크기	278cm	
속성	쇠(金)	몸무게	180kg	54
특징	제갈량도 이길 정도의 뛰어난 전략가	나이	10400	
		시대	명나라	

POWER 파워지수: 지능, 주술, 요술, 자연조절, 근력 / 54

만년 묵은 백호로, 화려한 무구를 착용하고 있는 인간형 요괴다. 오십 길(사람 50명 정도의 높이)의 나무 높이를 단번에 뛰어넘을 수 있을 정도로 강한 힘과 용기를 가지고 있다. 옛날 한 군대에서 대원수를 지낸 적도 있다. 인간의 모습일 때는 구 척* 신장에 덩치 큰 사내의 모습이었다. 어떤 이들은 호산웅에게 제갈량도 이길 수 있을 정도로 병법에 뛰어난 전략가라고 말하기도 한다. 뛰어난 머리와 강한 힘 외에도 호랑이, 표범, 승냥이, 이리 정도는 목소리만으로도 제압할 수 있는 기를 가지고 있다. 이렇게 기를 한 번에 표출할 때는 바람의 신도 어찌할 수 없다고 한다. 어해등과 망필단*이라는 두 명의 부하를 데리고 다닌다.

* **척(尺)** : 척은 한 치의 열 배로 약 30.3cm에 해당한다.
* **어해등과 망필단** : 만년 묵은 물고기와 만년 묵은 이무기로 둘 다 뛰어난 맹장이다. 주로 인간의 모습으로 다니고 술법에 뛰어나다. 두 요괴 모두 호산웅을 위해 목숨을 내놓을 수 있을 정도로 충성심이 강하다.

호서방

Jebii

이름	제비	이해관계	▲	POWER | 파워지수
종	요괴	출몰지역	산속	지능
분류	괴수-일반형-요술형	키/크기	100cm	
속성	불(火)	몸무게	25kg	26
특징	바람둥이	나이	150	
		시대	조선 후기	

깊은 산속에 으리으리한 기와집을 짓고 살고 있으며, 마을로 내려가 여인을 물어온 뒤 자신의 여자친구로 맞이한다. 물론 여인이 원하지 않는다면 다시 마을로 데려다준다. 그리고 주기적으로 다른 여인들을 만나길 즐기는 바람둥이다. 평소에는 호랑이 가죽을 쓴 채로 다니고 자기 여인 앞에서만 인간의 모습을 드러내는데, 인간일 때의 모습이 매우 잘생겼다고 한다. 이렇게 많은 여자를 만나다가 결혼하고 아이까지 낳게 된다면 그 후에는 완전한 인간의 모습으로 지내며 그 여자만을 위해 인간들과 함께 마을 속에서 잘 살아간다고 한다.

120

호소녀

이름	호연화	이해관계	+1
종	요괴	출몰지역	절, 연등회
분류	괴수-일반형-요술형	키/크기	100cm
속성	해(日)	몸무게	24kg
특징	호랑이 집안의 막내 연등을 좋아함	나이	1341
		시대	신라

POWER | 파워지수

지능 / 주술 / 요술 / 자연조절 / 근력

25

호랑이 집안의 막내로 어린 소녀의 모습으로 나타나는 호랑이다. 연등을 매우 좋아하여 인간들이 여는 연등회에 종종 그 모습을 드러내고는 한다. 보통 인간은 호랑이인지 알아볼 수 없는데, 대상을 꿰뚫어 보거나 지혜를 가진 인간들은 한눈에 다르다는 것을 알아보고는 한다. 마을을 다니면서 행패를 일삼는 가족들과 달리 호랑이여도 인간을 잡아먹지 않으며, 오히려 인간들이 호환을 당하지 않도록 도와준다. 인간을 잡아먹고 못된 짓을 일삼은 자기 형제들을 대신하여 산신에게 벌을 받은 적도 있다. 벌을 받은 이후로는 하늘로부터 원하는 모습으로 환생할 기회를 얻었다고 한다.

호준

이름	호준	이해관계	+2
종	요괴	출몰지역	산속 의원
분류	괴수-일반형-요술형	키/크기	280cm
속성	물(水)	몸무게	230kg
특징	뛰어난 실력의 의원 호침을 사용	나이	520
		시대	조선

POWER | 파워지수

지능 / 주술 / 요술 / 자연조절 / 근력

38

뛰어난 의술 실력을 가진 호랑이 의원이다. 그 어떤 병이든 치료해줄 수 있는 동양의학의 대가로, 뜸부터 향약, 안마 등 모두 가능하며 그중 침술에 가장 뛰어나다. 그래서 요괴들의 병이나 상처를 치료해주기도 하는데, 소문을 듣고 인간들이 호준을 찾아오기도한다. 하지만 정작 자기 몸 상태는 돌보지 못하는 경우가 있어, 자신이 아플 때 혹은 몸이 안 좋을 때 도와준 인간에게는 자신의 호침(虎針)*을 목구멍에서 꺼내 건네주기도한다. 실제로 옛날 중국의 황제를 고치러 가던 조선의 의원이 호준을 도와준 후 호침을받아 간 덕에 황제를 치료할 수 있었다고 한다. 이 호침만 있으면 명의가 될 수 있어, 호침만을 노리고 호준을 사냥하려는 이들도 있다. 누군가를 고치는 일을 하는 만큼 인간을 잡아먹거나 먼저 공격하는 일은 매우 드물다.

* **호침(虎針) :** 호준의 목에서 나오는 특별한 의료기구이다. 자세한 이야기는 <한국 판타지아이템 도감>에서 확인할 수 있다.

화마

이름	화마	이해관계	-3
종	요괴	출몰지역	관악산
분류	물괴-자연물형-무생물형	키/크기	70cm
속성	불(火)	몸무게	?
특징	관악산에 사는 불귀신 눈길만 닿아도 불이 남	나이	712
		시대	조선 태조

POWER | 파워지수

38

지능 / 주술 / 요술 / 자연조절 / 근력

아주 강한 힘을 가진 불귀신으로 풍수지리상 능선*이 타오르는 형상에, 불기운의 산인 관악산에 살고 있다. 험상궂게 생겼으며 한 번 노려보기만 해도 그 장소에는 불이 나는데, 이 화마로 인해 과거 경복궁에는 크고 작은 화재가 자주 일어났다고 한다.

경복궁에서 일어나는 이유 없는 화재의 근원을 찾던 왕은 무당을 통해 화마의 짓이란 걸 알게 되었고, 물의 기운을 가진 해태 조각상 두 개를 만들어 관악산을 노려보게 하였으며 관악산의 불기운을 누르기 위해 관악산에 우물을 파고 구리로 수신(水神)인 용의 조각상을 만들어 그 안에 집어넣었다고 한다. 이뿐만이 아니라 궁궐 이곳저곳에 물을 담아둔 드므*를 배치해 화마가 드므에 비친 자기 모습을 보고 놀라 도망가도록 했다고 한다. 화마는 그래서 물의 속성을 가진 존재들과 매우 상극이다. 지금도 어쩌면 관악산 근처에서 일어나는 화재가 이 요괴의 짓일지도 모른다.

* **능선**: 산등성이를 따라 죽 이어진 선.
* **드므**: 넓적하게 생긴 독.

황팔도

이름	황팔도	이해관계	-2
종	요괴	출몰지역	전국 팔도
분류	괴인-이형-사고형	키/크기	210cm
속성	불(火)	몸무게	145kg
특징	전국팔도를 돌아다니며 인간을 죽임	나이	462
		시대	조선 후기

POWER | 파워지수

지능 · 주술 · 요술 · 자연조절 · 근력

31

인간에서 호랑이가 된 요괴다. 원래는 홀어머니를 모시고 아내와 살던 황씨 성의 남자였다. 어느날 어머니가 병이 들었고 귀한 약을 구해와도 병에 차도가 없었다. 용한 의원을 찾아갔더니 개의 간 100개를 먹어야 병이 낫는다는 소리를 들었고, 개의 간 100개를 구할 수 없어 절망에 빠져있을 때 산신령이 호랑이가 되는 책*을 주었다. 원래는 병든 어머니를 위해 개의 간 100개를 모으기 위해서만 호랑이가 되었으나 99개를 모았을 때 아내가 호랑이가 될 수 있는 책을 불태운 이후로는 사람으로 돌아가지 못해 타락하고 말았다. 호랑이가 된 후에는 전국 팔도를 돌아다니며 인간들을 죽이고 다녀 황팔도가 되었다. 전국 팔도를 돌아다니긴 해도 원래 고향이었던 충청도에서 그 모습을 더욱 자주 볼 수 있다.

* **호랑이가 되는 책 :** 한 번 읽으면 호랑이가 되고, 다시 한 번 읽으면 인간으로 되돌아올 수 있는 책이다. 자세한 이야기는 <한국 판타지 아이템 도감>에서 확인할 수 있다.

128

흑록

이름	흑록	이해관계	0	POWER | 파워지수
종	요괴	출몰지역	산속	
분류	괴수-일반형-변이형	키/크기	200cm	
속성	흙(土)	몸무게	98kg	
특징	사슴이 2000년을 살아야 될 수 있는 존재	나이	2000	
		시대	개체마다 다름	

POWER | 파워지수
지능 / 주술 / 요술 / 자연조절 / 근력
34

사슴은 십장생 중 하나로 장생(長生)과 영생(永生)을 상징한다. 학과 함께 신선의 벗이자 시종이며, 호랑이와 더불어 신선의 탈 것으로 여겨져 지상과 천상을 연결하는 영적인 동물로 여겨지기도 했다. 사슴은 천 년을 살면 청록(靑鹿)이 되고, 오백 년을 더 살면 백록(白鹿)이 되며, 또 오백 년을 더 살면 흑록(黑鹿)이 된다고 한다. 즉, 흑록은 사슴이 2000년을 살아야만 될 수 있는 존재다. 흑록의 이야기는 매우 비밀스럽고 알려진 것이 없으나, 흑록이 되기 전 백록의 이야기는 많이 알려져 있다. 특히 그중 가장 유명한 것이 한라산의 백록담 이야기다.

한라산 백록담 이야기

한라산의 백록담은 원래 하늘에서 선녀들이 내려와 목욕하던 연못이었다. 한라산의 산신령은 선녀들이 오는 날이면 자리를 피해주곤 했는데, 어느 날 실수로 선녀들을 보게 되고, 이에 노한 옥황상제가 산신령을 흰 사슴으로 만들었다. 그 이후로 선녀들이 목욕하는 날이면 흰 사슴이 연못에 나타나 슬피 울어 백록담이라고 불리기 시작했다.

흑호

이름	흑호	이해관계	-2
종	요괴	출몰지역	산골짜기
분류	괴수-이형-돌연변이형	키/크기	300cm
속성	쇠(金)	몸무게	292kg
특징	마주치면 오금이 저리고 식은땀이 남	나이	498
		시대	조선 인조

POWER | 파워지수

지능
근력 · 주술
55
자연조절 · 요술

55

사악한 검은 호랑이 요괴로 머리와 눈이 흉측하고 사나워 여느 호랑이들과는 기부터 다르다. 흑호가 나타날 때는 흙먼지가 일어나고 온 골짜기가 어두워지는데, 울음소리 또한 매우 크고 놀라워 크게 포효하면 암석이 깨어질 정도라고 한다. 어둠 속에서 쌍횃불 같은 광채를 번쩍거리며, 빠르기는 새가 날아가는 것과 비슷하다고 한다. 흑호는 몸집도 매우 커서 사람이 놀라 자빠질 정도이다. 일반 사람들은 흑호가 주위에 나타나면 오금이 떨리고 식은땀이 나기 시작하며 흑호를 마주하면 바로 기절해버린다고 한다. 흑호는 가끔 산에서 마을로 내려와 사람들을 잡아먹는데, 창과 칼, 총이 있으면 귀신같이 알고 나타나지 않는다.

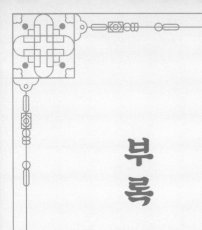

부 록

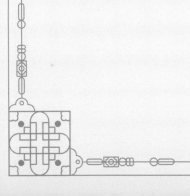

지금부터 보실 기록은 묘신의 초대로 묘신계를 방문할 수 있었던 한 인간이 기록한 내용입니다. 고전 기록에서는 볼 수 없었던 괴력난신들의 숨겨진 모습들을 확인할 수 있습니다. 단, 본 것을 인간 세상에 발설할 시 어떤 일이 벌어질 지는 알 수 없습니다.

꾸미기에 진심인 백미범

왼쪽

오른쪽

음...

소중한 나의 눈썹
이젠 호랑이도
관리하는 시대

오른쪽이 눈썹이 1mm 더 길군

흑호의 일상

어디보자.... 앗! 목표물 발견!!

사냥감을 향해 있는 힘껏 뛰어올라!!!

아깝게 놓쳤으나 날렵하게 방향 전환!

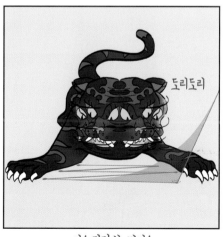

야! 적당히 해라!

동굴 밖은 위험해...

가장 큰 호랑이 vs 가장 작은 호랑이 요괴

사족 보행 호랑이

(cm)

390

160

40

금강호   일반 호랑이 평균   진호

이족 보행 호랑이

(cm)

300

175

100

호산웅   성인 남자 평균   호서방

가장 강한 호랑이 대회

지성과 파워를 겸비한
내가 세계 최강!

신수 제외하면
내가 사실상 최강!

쳇...
신수는 여기서 빠져야
하는거 아냐?
그럼 내가 2등인데..

태산삼괴-표 파워지수 62   백호 파워지수 76   화검호 파워지수 61

나이가 가장 많은 호랑이

본인 나이도
정확히 모르면
그냥 빠지세요
어르신!

난 내 나이가
기억나지 않을 정도로
오래 살았는데...

헐... 나보다
두 배를 더 산
범이 있네!

표 21000살

백호 나이 알수없음

화검호 10500살

141

호랑이 요괴 푸드파이터

인간을 잡아먹는 호랑이 요괴들 사이에서 푸드파이터 대회가 열린다면 우승자는 누구일까요?

호랑이 요괴 팔씨름 대회 8강전

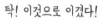

탁! 이것으로 이겼다!

이것이 신의 한수!

Loading...

야! 그냥 졌다고 해라!! 답답해서 못 해 먹겠네!

크아아!!

어차피 이겨도 잡아먹지도 못하는데!!

147

묘신계의 먹고사는 문제

호서방의 대궐집에 불을 지른건 누구?

앗! 아아... 안돼...
나의 신혼집이!

신혼집이 중요하냐?
우린 집도 여친도 없는데!

1
2
3
4
5

용의자 라인업입니다.
그날 집 근처에서
본 요괴가
이 중에 있나요?

점술토 점괘의 정체

묘두사 vs 백묘괴의 대결

출처

괴력난신들의 원전이 되는 이야기로, 한국의 고전 속에서 수집한 내용을 정리한 부분입니다. 정확한 기록으로 정리되어 있으며, 일부는 그 지역의 언어와 단어들이 사용되어 있음을 알려드립니다.

참고문헌 및 출처

캐릭터	문헌	출전	문헌 속 한 줄
강령호	한국구비문학대계	[한국구비문학대계] 4-3, 357 / 5-1, 435 / 5-2, 513 / 6-10, 521	갑자기 송장이 벌떡 일어나 촛불을 끄고는 거꾸로 물구나무서기를 하여 엿장수를 쫓아왔다. 그것은 밖에 있는 호랑이가 도술을 부려 그렇게 된 것이었다.
계명오괴	소현성록	최수현 역, [소현성록], 소명출판	"그대는 모릅니다. 우리 절이 본래는 요괴가 없더니 10년 전부터 객장에 요괴 다섯이 있어서 만일 손님이 하룻밤을 머물면 반드시 죽는데 어찌 그곳에서 자겠습니까? 그러니 손님은 우리와 한방에서 잡시다."
구미할멈	임석재 전집 한국 구전설화	[임석재전집 한국구전설화] 2, 147	노파는 총에 맞아 꼬리 아홉을 털며 떨어졌다. 떨어지면서 노파의 피가 근처에 있던 돌들에 튀었는데 돌들이 자신의 동생이 데리고 다니던 짐승들로 변했다.
금강호	구전설화	[한국구비문학대계] 1-1, 702 / 1-6, 640 / 3-1, 48 / 4-2, 346 / 5-7, 441 / 6-5, 381 / 6-6, 550 / 6-12, 581 / 7-4, 229 / 7-10, 595 / 8-5, 113 / 8-9, 238 / [임석재전집 한국구전설화] 2, 63 / 2, 64 / 2, 74 / 2, 75 / 2, 77 / 5, 130 / 5, 131 / 6, 77 / 10, 102 / 10, 103	진짜 스님을 잡아먹은 후에 가짜스님으로 둔갑한 금강산 호랑이로 포수를 잡아먹기 위해 꾀어낸 것이었다.
금호진인	쌍성봉효록	미상, [쌍성봉효록(雙星奉孝錄)], 국립중앙도서관본.	금호진인은 강주 심양현 도화산의 한 도관에 사는 요망한 도사로, 그 본 모습은 사람이 아니라 암여우였다.
기린			기린은 상서로운 길조가 보일 때 나타난다는 신령스러운 동물로 봉황과 더불어 사령(四靈)중 하나다.
남성도사	남정팔난기	미상, [남정팔난기(南征八難記)], 규장각본.	서천 보라국에 보향산이라는 산이 있는데 그 산에 천년 묵은 범이 있으니 변화가 불측(不測)하여 사람도 되고 선관(仙官)도 되어 스스로를 적호선(赤虎仙)이라 하며 사람들을 속였다. 보향산 아래에 한 여자가 있으니 이 또한 독수리 새끼가 득도하여 인간으로 변한 것이다. 열여섯 나이에 자색이 뛰어났는데 적호선과 부부가 되어 자식을 낳으니 그것이 바로 남성도사다. 적호선은 신승을 만나 죽고, 그 어미 또한 죽자, 남성은 보향산에 들어가 도를 닦아 스스로를 도사라고 일컬었다.
대수장군	원회록	미상, [원회록(寃悔錄)], 강전섭 소장본.	천하에 큰 나무가 많지만 이만한 나무는 없겠다고 생각한 설운은 그 웅장함을 칭찬하다가 문득 먹과 붓을 내어 나무에 '대수장군(大樹將軍)'이라는 이름을 새겨준다.

154

대적사괴	조선민담집	[조선설화집], 민속원, 286	화토웅-적진의 입구에는 천년 묵은 곰이 변신한 검고 무서운 얼굴을 한 자가 있어서 입에서 불을 토하였다. 그러자 그 불은 성을 태우는 것이였다. 천문복-적진에는 천년 묵은 여우가 변신한 마른 도사가 열심히 천문을 보고 있었다. 해일서- 만년 묵은 쥐가 변한 난쟁이 법사가 좁고 긴 꼬리를 번개와 같이 돌리고 있었다. 그러자 꼬리 안에서 폭포와 같은 물이 솟아나서 성을 바다로 만들려고 세차게 흘러가고 있었다. 화검호-만년 된 호랑이가 변신한 용맹한 남자는 세 번 공중에서 몸을 돌려 맹렬한 불칼을 왕의 진영에 뿌렸다. 그러자 김소년의 진영이 흐트러졌다.
대호신선	유치헌전	미상, [유치헌전], 연세대학교본.	꿈속에 산신이 나타나 '용문산 대호에게 소원을 빌면 이루어질 것이다.'라는 말을 듣고 용문산으로 향한다.
둔구리	한국구비문학대계, 임석재 전집 한국 구전설화	[한국구비문학대계] 2-5, 383 / 2-9, 816 / 8-6, 107 / [임석재전집 한국 구전설화] 3권 239	옛날에 천년 묵은 너구리가 사람으로 둔갑하여 인간의 마을로 갔다.
랑선	연당전(순금전)	미상, [순금전], 국립중앙도서관본.	이때 호랑이가 선녀로 변하며 약과 물로 순금의 잘려나간 손발과 눈을 고쳐주고 얼굴도 원래의 예쁜 얼굴로 되돌려 주었으며 선녀 옷도 한 벌 내어주었다.
명호	한국구비문학대계	[한국구비문학대계 DB], 불 밝히는 호랑이, 이봉이, 충남 계룡시 엄사면 / 불 켜서 길 안내해준 호랑이, 김봉덕, 목포시 대성동 / 불을 밝혀주는 호랑이, 김용례, 광주시 북구 용강동 / 불을 밝혀주는 호랑이, 이판임, 충남 금산군 부리면 / 불을 밝혀주는 호랑이 산신님, 윤인자, 충남 청양군 비봉면 / 불을 밝히며 길을 인도해준 호랑이, 서동석, 전남 광양시 옥룡면 / 사람에게 불을 밝혀준 호랑이, 오옥남, 충남 청양군 청양읍	밤이 늦은 시간 어두운 산길을 가면 어디선가 호랑이가 불을 켜고 나타나 무사히 산길을 지나갈 수 있게 길을 인도해준다고 한다.
묘향	묘향산지	설암, [묘향산지(妙香山誌)], 규장각본.	환인의 아들 환웅이 태백산에 내려와 신단수 아래 살았다. 환웅은 하루는 백호(白虎)와 교통하여 아들 단군을 낳았다. 그가 요(堯) 임금과 같은 해에 나라를 세워 우리 동방의 군장(君長)이 되었다.
박노저	천예록, 순오지	정환국 역 [천예록], 성균관대학교 출판부, 160	아버지는 이미 한 마리 큰 멧돼지로 변해 있었습니다. 모두들 소스라치게 놀라 문을 밀치고 들어가니 멧돼지가 요란한 소리를 지르며 벽을 부딪쳐 뚫고 나가려고 요동을 치고 있었지요.

박쥐범	탄만집	정민, [책벌레와 메모광], 문학동네, 99	범과 비슷하게 생겼는데 온몸을 뒤덮는 털이 초록빛이라 일단 목격된다면 쉬이 잊을 수 없는 외형을 가졌다. 더욱 기이한 것은, 몸에 날개가 돋아 있으며 털이 뒤덮여 있는 몸통과 달리, 날개에는 깃털 같은 것이 전혀 없다.
백두대모	백두산 설화	[백두산 전설], 연변인문출판사 / 정제호, [백두산 설화 연구], 고려대 민족문화연구소 / 신동흔, [우리 신화 상상 여행], 나라말, 296	옛날에 백두산 산신은 여신이었다. 아름답고 너그러운 여신과 함께 사람들은 평화롭고 행복한 날들을 보냈다.
백묘괴	한거잡록	[한거잡록], 532 / 김현룡, [한국문헌설화] 6, 건국대학교출판부, 117	화담이 곧 바위 밑으로 내려가 보니 노승의 옷이 바위에 걸쳐 있고 옆에 큰 흰 고양이가 죽어 있었다.
백미범	구전설화	[한국구비문학대계] 7-2, 184 / 7-2, 302 / 7-4, 194 / 7-12, 546 / 7-15, 157 / 8-3, 190 / 8-9, 1021 / 8-9, 1049 / 9-3, 664	호랑이가 둔갑한 노인은 눈썹을 하나 뽑아 주며 그것을 대고 재로 올라오고 있는 사람들을 보라고 하였다. 남자가 노인이 시키는 대로 하고 사람들을 보았더니 사람들이 모두 짐승으로 보이는 것이었다.
봉황			봉황의 새중의 왕이며 기린, 영귀, 응룡과 함께 사령(四靈)중 하나이다.
불괭이	한국구비문학대계	[한국구비문학대계] 1-5, 265 / 1-8, 93 / 2-2, 613 / 6-4, 583 / 7-9, 456 / 7-16, 61 / 8-11, 463 / [임석재전집 한국구전설화] 2, 273	무당이 알려준 날이 되자 산에서 호랑이 크기만 한 불덩어리 고양이가 내려와 삽살개 세 마리와 싸우기 시작했다.
비호	한국구비문학대계	[한국구비문학대계] 1-7, 615 / 1-9, 643 / 2-3, 511 / 2-3, 536 / 2-9, 797 / 3-2, 685 / 5-7, 434 / 7-15, 382 / 7-16, 134 / 8-6, 220	굴이 쩌렁쩌렁 울리면서 큰 호랑이가 나와서 공중으로 올라가 남자와 싸우는 것이었다.
사자			조금 뒤에 크기가 개만한 맹수가 한 마리 나타났는데 온몸이 푸른색이었고 눈은 금방울 같았다.
산군대신	한국구비문학대계	[한국구비문학대계 DB], 검단산 호랑이 산신, 유병선, 성남시 수정구 복정동	"애를 데리고 이제 내려가는데, '어떻게 해서 여기를 왔냐?' 그랬더니, 그 애가 '아휴 , 나 아저씨가 맛있는 것도 갖다 주고, 그래서 그냥 먹고 있었어.' 라고 말하는데 그 맛있는 걸 입에다가 넣어줬다는데 뭘 먹었는지 입은 빨갛더래."
삼족구	한국구비문학대계	[한국구비문학대계] 5-3, 706 / 5-4, 33 / 5-6, 205 / 6-2, 84 / 7-14, 178 / 8-5, 1074	어느날 삼족구가 구미호를 잡을 유일한 방법이라는 것을 알게 된 신하들은 백방으로 수소문을 하여 조그마한 삼족구를 구해서 옷 속에 숨기고 있다가 왕비 앞에서 풀어놓았다.
영호	서화담전	송진환 역, [도술이 유명한 서화담], 지식을만드는지식	그 호랑이는 신통술을 가진 호랑이이므로, 창이나 칼로는 마음대로 다루기 어려우니, 하늘과 땅에 도술 그물을 치고 부적을 붙인 후 주문을 읽으면서 네가 그 여자의 곁을 떠나지 아니하여야 구하리라.

우완범	한국구비문학대계	[한국구비문학대계] 2-1, 488 / 2-2, 432 / 2-4, 786 / 3-4, 322 / 5-5, 495 / 6-5, 147 / 6-8, 409 / 6-9, 625 / 8-5, 790 / 8-5, 1004 / 8-10, 402 / 8-13, 532 / 8-14, 222 /	"내가 너희집에 간다 해도 어떻게 가겠냐? 산도 설고 물도 선데…" "아이고, 형님 내 등에 딱 업히시오. 우리집에 가면 뭐 별것이 다 있습니다." "그래 가 보자." 그러고 있으니 눈 깜짝할 새 어디로 날아갔는데 큰 굴 속 안으로 들어갔다. 들어가 보니 참 편편하게 멋기게 해놨다.
육발이	임석재 전집 한국구전설화	[임석재전집 한국구전설화] 4, 131	이 산에는 호랑이가 여러 해 살면서 사람을 많이 잡아먹어서 발이 여섯 개나 되어 육발이라고 불렸다.
자운지네	소현성록	최수현 역, [소현성록], 소명출판.	"몇 달 전에 산에서 나는 열매를 따라 갔다가 요괴를 하나 만나더니 발광하였습니다. 빼어난 미모의 고운 계집이 긴 나무로 온 몸을 두드리니 이렇게 앓는다고 하였습니다."
자정쥐	태원지	임치균 역, [태원지 현대어본], 한국학중앙연구원	십이지(十二支)에서 '자(子)'는 쥐를 가리키는 것으로 마을 이름이 자정동이라는 것은 이곳이 쥐의 소굴이기 때문이며, 이 쥐는 이곳에 머물며 수백 년을 지냈기 때문에 신통한 요술을 부릴 수 있게 된 것이라고 했다
점술토	구전설화	[한국구비문학대계] 1-4, 493 / 2-7, 550 / 7-12, 741 / 8-14, 777	토끼 한 마리가 총총 들어오더니 "오늘 저녁에 괴변이 있을 것"이라고 했다. 호랑이가 무슨 괴변이냐고 물으니 토끼가 점 대롱을 달랑달랑 흔들며 "호랑이 아저씨는 오늘 저녁에 화재수가 있고, 나는 실물수(失物數)가 있는데 어떻게 막아야겠느냐"라고 했다.
진호	학산한언	[학산한언], 465 / 김현룡, [한국문헌설화] 7, 건국대학교출판부, 115	산 위에서 어떤 짐승이 내려오는데, 그 기세가 어찌나 맹렬한지 바람이 일고 나무가 모두 꺾였다. 이 사람이 덤불 속에 숨어서 살펴보니, 개만한 크기에 비단 같은 무늬가 있고 번개같이 빨랐다.
청너구리 삼형제	우리가 정말 알아야 할 우리 옛이야기 백 가지	서정오, [우리가 정말 알아야 할 우리 옛이야기 백 가지] 2, 현암사.	드디어 밤이 이슥해지자 눈에 시퍼런 불이 철철 흐르는 네 발 짐승이 나타났다. 오래 묵으면 요물이 되어 힘이 세어진다던 수백 년 묵은 청너구리였다.
최면호	한국구비문학대계	[한국구비문학대계] 2-4, 626 / 1-3, 45 / 7-17, 100 / 4-3, 357	웃음소리가 나는 곳으로 가봤더니, 호랑이가 여자를 잡아 앉혀놓고 얼굴을 툭툭 칠 때마다 여자는 정신이 나간 것처럼 깔깔깔 웃었다. 호랑이는 계속 여자를 툭툭 치며 가지고 놀고 있었다.
태산삼괴	소현성록	최수현 역, [소현성록], 소명출판.	검은 구름 가운데 흉악한 요괴 셋이 서있는데, 하나는 2만년 묵은 표범의 정령이고 하나는 1만 5천년 묵은 곰의 정령이었으며 하나는 8천 60년 묵은 이리의 정령이었다.

터린	어우야담	유몽인, 신익철 역, [어우야담], 돌베게, 732	백두산에 들어갔다 짐승을 발견했는데 그 모습이 마치 거인과 같았다. 사람처럼 서서 걸어 다녔으며 키가 수십 척이나 되고 온몸이 긴 털로 뒤덮여 있었으며, 풀어헤친 머리가 어깨까지 닿았는데 그 모습이 모질고 사나워 보였다.
토선생	백학선전	미상, [백학선전], 국립중앙도서관본.	"이놈은 사람이 아니고 삼천년 묵은 토끼라. 변화무궁하여 천하에 두려운 것이 없어 별호를 자칭 토선생이라 하며 어느 곳에 아름다운 색이 있다하면 탈취하여 굴 안에 집을 수백 채 짓고 밤낮으로 기뻐하며 지내었다. "
팥죽할멈	한국구비문학대계	[한국구비문학대계] 1-9, 448 / 2-3, 516 / 8-4, 308 / 8-5, 175	물건들은 팥죽 한 그릇 주면 호랑이가 못 잡아먹게 해주겠다고 하였다.
해양후	김유신전	김진영 역, [김유신전], 고려대학교 민족문화연구원.	검은 얼굴, 긴 허리에 눈에는 빛이 나고 머리털은 꼿꼿한 장수가 큰 소리로 꾸짖으며 "나는 두류국(頭流國)의 해양후(亥陽侯)다!"라고 말했다. 이 말을 들은 유신은 "이는 필시 두류산의 천년묵은 늙은 돼지가 둔갑하여 사람이 된 것이다."라고 말했다.
현호	한국구비문학대계	[한국구비문학대계] 1-6, 640 / 1-8, 409 / 6-5, 32	그 호랑이가 하는 말이 "나는 여기 계룡산에서 백년을 살았다. 그래서 도련님이 무얼 하러 오셨는지도 다 안다."고 말했다. 남자가 "그러면 우리 아버지가 여기 오셔서 돌아가신 줄도 아냐?"고 물어보니까 안다고 그러더라고.
호랑각시	무주군지	[무주군지], 무주군지편찬위원회, 1990.	호랑이가 물고 있던 매화꽃을 어머니에게 가져다 드리자 어머니의 병은 씻은 듯이 나았고, 초가집은 대궐 같은 기와집으로 변했으며, 호랑이는 아름다운 색시로 변했다.
호랑모녀 (랑모&랑소애)	구전설화	신바닥이설화 강원도 홍천군에서 전승	소년은 스님의 말대로 먹지 않았으나 같이 간 아이는 소년이 말려도 신경 쓰지 않고 밥을 먹더니 그 집 딸이랑 살겠다며 거기 눌러 앉아버렸다. 홀로 돌아온 소년이 스님에게 그 사실을 말하자 스님은 조금 있다 그 집에 가보라고 하였다. 그러자 그 곳에는 집 대신 바위굴이 있었으며 그 속에서 호랑이들이 같이 갔던 아이를 뜯어 먹고 있었다.
호산웅	천정가연	미상, [천정가연(天定佳緣)], 국립중앙도서관본.	호산웅이라는 한 장수가 나서니 신장은 구척이며, 자금 투구에 백신갑으로 무장하고 있었다. 그는 사실 검각산의 만년 묵은 백호로 오십 리를 단번에 뛰어 나무 꼭대기에 금주머니를 달고 돌아왔다.
호서방	한국구비문학대계	[한국구비문학대계 DB], 사위 호랑이, 정남이, 경남 밀양군 무안면.	옛날 어느 집에 귀하게 키운 딸을 호랑이가 산으로 물어 가 버렸다. 호랑이는 딸에게 자신과 부부가 되어 아이를 셋 낳아주면 친정에 보내주겠다고 했다.

호소녀	보한집, 삼국유사		보통아이와 다른 느낌이 드는 한 소녀가 있었다. 주변 사람들에게 물어도 누구 집 아이인지를 아는 사람이 없었다. 연등회를 파한 뒤 스님은 그 아이의 뒤를 따라가니, 산기슭에 이르러 그 소녀는 자기의 집이 누추해 기숙할 수 없으니 따라오지 말라고 했다. 그래도 스님은 날이 이미 저물어 다른 곳으로 갈 수 없다고 말하고 따라갔다.
호준	한국구비문학대계	[한국구비문학대계] 5-3, 574 / 5-6, 238 / 7-16, 375	호랑이는 의원에게 침 세 개를 주고 의원을 등에 태우고 중국까지 데려다 주었다. 남자는 중국으로 가 천자에게 호랑이에게 받은 침으로 침을 놔주니 천자의 병이 씻은 듯이 나아 큰 상을 받았다.
화마	구전설화	무라야마 지준, [조선의 귀신], 동문선, 171	무당이 말하길 관악산에는 강한 힘을 가진 화마가 살고 있다고 했다.
황팔도	구전설화	[한국구비문학대계] 4-1, 213 / 4-1, 405 / 4-3, 172 / 4-4, 449 / 4-4, 607 / 4-5, 233 / 4-5, 410 / 4-5, 601 / 4-5, 731 / 4-5, 891 / 4-6, 340 / 5-1, 230 / 5-2, 335 / 5-2, 570 / 6-3, 257 / 7-6, 218 / 7-12, 722 / 8-3, 275 / 8-9, 512	사나워진 황씨는 아내를 죽이고 전국 팔도를 돌아다니며 사람들을 죽이고 다녀 황팔도라 불렸다고 한다.
흑록			사슴이 천년을 살면 청록(靑鹿)이 되고, 오백 년을 더 살면 백록(白鹿)이 되며, 또 오백년을 더 살면 흑록(黑鹿)이 된다고 한다.
흑호	청구야담	[청구야담], 113/ 김현룡, [한국문헌설화] 2, 건국대학교출판부, 239-240	"그런데 10년 전 사악한 흑호가 나타나 날마다 많은 사람들을 잡아먹었소."

호랑이 요괴 도감 (묘신계록 제3권)
Encyclopedia of MeoShinKe Monsters Book 3
ⓒ 2022-2023 HWA HWA CO., LTD. All rights reserved.

초판 1쇄 발행 2023년 1월 25일

디자인 및 제작	화화 스튜디오
발행처	화화 스튜디오
주 소	부산시 해운대구 센텀중앙로 48 에이스하이테크21
전 화	051-746-2456
팩 스	051-746-2455
홈페이지	http://hwahwa.com
블로그	https://blog.naver.com/hwahwa_studio
인스타그램	https://www.instagram.com/meoshinke/
네이버스토어	https://smartstore.naver.com/hwahwa

ISBN 979-11-981515-0-6 [04910]
       979-11-967556-7-6 (세트)